AF475295

Δ 16403

CATALOGUE

DE

MANUSCRITS.

Imprimerie de GUIRAUDET et JOUAUST,
rue Saint-Honoré, 315.

CATALOGUE

DE

MANUSCRITS

PROVENANT DES COLLECTIONS

SAIBANTE ET GIANFILIPPI

DE VÉRONE,

Dont la vente se fera le lundi 23 janvier 1843 et jours suivants, à six heures de relevée, rue des Bons-Enfants, n° 30,

MAISON SILVESTRE.

Les adjudications seront faites par
Me REGNARD-SILVESTRE, commissaire-priseur,
rue Chanoinesse, n° 11, cloître Notre-Dame.

SE DISTRIBUE A PARIS,
CHEZ SILVESTRE, LIBRAIRE,
RUE DES BONS-ENFANTS, n° 30.

1842

Les manuscrits peuvent être assimilés aux objets d'arts, les acquéreurs désirent en connaître l'origine. Une partie de ceux qui composent ce catalogue ont déjà été mentionnés, il y a plus d'un siècle, dans la VERONA ILLUSTRATA de Maffei ; ils faisaient partie de la précieuse collection de Saibante, d'où ils ont passé dans la bibliothèque de P. de' Gianfilippi (de Vérone), dont une première vente des livres imprimés a été faite par nos soins en avril 1842. Quelques uns de ces manuscrits remontent au dixième siècle, leur conservation est généralement satisfaisante ; nous avons eu soin cependant de mentionner ceux que le vandalisme ou le temps n'ont point épargnés.

Il y a long-temps qu'une aussi grande réunion de manuscrits n'a été soumise, en France, aux chances des enchères ; espérons qu'une partie de ceux-ci enrichira nos dépôts publics, ainsi que quelques bibliothèques particulières de la Capitale, où leurs savants possesseurs les comptent déjà par milliers : c'est pour ces derniers une occasion qu'ils ne laisseront sans doute pas échapper. De notre côté, persuadé que l'instant de la vente n'est pas suffisant pour bien apprécier la valeur littéraire de la plupart de ces manuscrits, nous nous ferons un devoir de les tenir en exposition permanente pendant tout le mois qui doit précéder la vente (*).

(*) Cette exposition aura lieu dans nos magasins, tous les jours de la semaine, depuis midi jusqu'à trois heures.

ORDRE DES VACATIONS.

Première vacation, lundi 23 *janvier* 1843.

Mss. hébreux, grecs et latins.	Sciences et Arts. . . .	Nos 193 à 207
	Théologie.	1 — 17
	Jurisprudence	141 — 150
	Belles-Lettres.	313 324
Mss. italiens	Histoire	140 — 168

Deuxième vacation, mardi 24.

Mss. grecs et latins.	Théologie.	18 — 34
	Jurisprudence.	151 — 162
	Sciences et Arts. . . .	208 — 222
	Belles-Lettres.	325 — 335
Mss. italiens	Histoire	169 — 181
	Belles-Lettres.	92 — 105

Troisième vacation, mercredi 25.

Mss. grecs et latins.	Théologie.	35 — 51
	Jurisprudence	163 — 172
	Sciences et Arts. . . .	223 — 237
	Belles-Lettres.	336 — 346
Mss. italiens.	Théologie.	1 — 10
	Belles-Lettres.	106 — 123

Quatrième vacation, jeudi 26.

Mss. grecs et latins.	Théologie.	52 — 68
	Jurisprudence	173 — 182
	Sciences et Arts. . . .	238 — 252
	Belles-Lettres.	347 — 357
Mss. italiens	Belles-Lettres.	124 — 139
Mss. grecs et latins.	Histoire.	406 — 417

Cinquième vacation, vendredi 27.

Mss. grecs et latins.	Théologie	69 — 86
Mss. italiens	Théologie	11 — 32
Mss. grecs et latins.	Jurisprudence.	188 — 192
	Sciences et Arts. . . .	253 — 267
	Belles-Lettres.	358 — 369

Sixième vacation, samedi 28.

Mss. italiens.	Jurisprudence.	33 — 46
Mss. grecs et latins.	Théologie.	87 — 104
	Sciences et Arts. . . .	268 — 282
	Belles-Lettres.	370 — 381
	Histoire.	418 — 439

Septième vacation, lundi 30.

Mss. grecs et latins.	Théologie.	105 — 122
	Sciences et Arts. . . .	283 — 297
Mss. italiens	Sciences et Arts. . . .	47 — 56
Mss. grecs et latins.	Belles-Lettres.	382 — 393
	Histoire.	440 — 462
Mss. franç. et espagn.		1 — 4

Huitième vacation, mardi 31.

Mss. grecs et latins.	Théologie.	123 — 140
	Sciences et Arts. . . .	298 — 312
Mss. italiens	Sciences et Arts. . . .	57 — 91
Mss. grecs et latins.	Belles-Lettres.	394 — 405

Chaque jour de vente, les manuscrits qui devront être vendus le soir seront exposés le matin depuis une heure jusqu'à trois.

Les acquéreurs paieront, en sus du prix d'adjudication, cinq centimes par franc, applicables aux frais.

CATALOGUE
DE MANUSCRITS
PROVENANT DES COLLECTIONS
SAIBANTE ET GIANFILIPPI
DE VÉRONE.

*** Les mss. de SAIBANTE sont chiffrés en rouge sur les couvertures des volumes, et ces chiffres correspondent à ceux avec les quels MAFFEI dit les avoir faits marquer il y a plus d'un siècle (*V. Verona illustrata, parte terza, colonna* 242, édition de 1732, in fol.).

MSS. HÉBREUX GRECS ET LATINS.

THÉOLOGIE

Texte, Versions, Concordances, et Interprètes de la Bible.

1 **BIBLIA HEBRAICA.** in fol. bas.

Ms. du XVe siècle sur vélin à trois colonnes, avec lettres initiales et ornemens en or et en couleur. Au commencement se trouve un calendrier suivi de la représentation des meubles sacrés du temple de Jérusalem.

2 **BIBLIA SACRA**, latine. pet. in fol. rel. en bois.

Ms. du XIIIe siècle, sur vélin, à deux colonnes, décoré d'une quantité de petites miniatures rehaussées d'or.

3 **BIBLIA SACRA**, latine. Genesis, Exodus, Leviticus, Numeri, Deuteronomium, Josue, Judicum, et Ruth. in fol. rel. en bois.

Ms. sur vélin d'une grande antiquité, probablement du Xe siècle. Il est écrit en beaux caractères, à deux colonnes, avec grandes lettres ornées d'arabesques en couleur. Le volume contient 71 f. et commence par le prologue :

DESIDERII MEI DESIDERA
tas accepi epl'as

Il finit au verso du dernier f.

EXPLICIT LIBER RVTH.

4 BIBLIA SACRA latina, gr. in fol.

Très ancien ms. sur papier, probablement du Xe siècle, avec grandes lettres et bout de lignes en couleur. Il contient la Genèse, l'Hexode, le Levitique, les Nombres, le Deuteronome, les quatre Évangiles, l'Apocalipse, une Épitre de S. Jacques, et deux de S. Pierre. Le vol. a 118 feuillets.

5 PSALTERIUM, GRAECE. pet. in 8vo, rel. en bois.

Ancien ms. sur vélin, avec rubriques et initiales en rouge. Il porte le n.° 15 de la collection SAIBANTE.

6 PSALTERIUM cum notis et glossis interlinearibus. in fol. dem. rel.

Ms. sur vélin, en rouge et noir avec grandes lettres en couleur. Il est très-ancien, et présumé être du Xe siècle. Sur l'une des gardes à la fin du volume se trouve consigné un acte de l'an 1390, dont l'écriture est de quelques siècles posterieure à celle du ms.

7 PSALTERIUM DAVIDIS, latine. gr. in 4to, rel. en bois.

Ms. sur vélin, du XIIIe ou XIVe siècle, avec grandes lettres en rouge et bleu. Il est décoré de huit grandes initiales en or et en couleur, avec des belles miniatures.

A la fin est ajouté :

Officium transfigurationis domini nostri Jesu Christi.

8 PSALTERIUM, latine. in fol. non rel.

Ms. sur vélin, d'une grande antiquité en beaux caractères rouges et noirs. On trouve à chaque page des grandes lettres ornées d'arabesques et figures en or et en couleur de la plus belle exécution. Le volume devait contenir 108 f. chiffrés à la main, mais il y manque les 25 premiers.

9 PSALTERIUM abbreviatum, et varii tractatus sanctorum patrum, in 4to, rel. en bois.

Ms. du XVe siècle, sur papier.

10 PSALMISTA cum suis hymnis secundum ordinem romanae curiae. pet. in 4to, bas.

Ms. du XVe siècle, sur vélin, avec lettres tourneures. Incomplet à la fin.

11 PSALTERIUM secundum ordinem monachorum Sanctae Mariae de monte Oliveti. in 8vo cart.

Ms. du XVe siècle, sur vélin, à deux colonnes, initiales en rouge.

12 Psalmista, secundum ordinem et consuetudinem S. Benedicti. in 4to, rel. en bois.

Ce ms. qui appartenait au monastère de S. Zenon de Vérone est du XVe siècle, sur vélin. La première page et les lettres capitales sont décorées de belles miniatures.

13 Psalmista, secundum ordinem S. Benedicti. in 4to, vél.

Ancien ms. sur vélin, à deux colonnes en rouge et noir avec miniatures, grandes lettres et encadremens en or et couleurs.

14 Psalmista, secundum ordinem fratrum praedicatorum. in 4to, parch.

Beau ms. du XVe siècle, sur vélin. La première page après le calendrier est décorée d'une très-belle bordure en or et couleur, au bas de la quelle sont peintes des armoiries, et d'une grande capitale avec miniature. Il s'y trouve d'autres majuscules ornées, et du plain chant noté.

15 Evangelia, latine. in fol. rel. en bois.

Beau ms. sur vélin, d'une grande antiquité, avec titres en rouge et grandes lettres ornées en couleur.

16 Novum Testamentum, latine. in 4to, rel. en bois.

Très-ancien ms. sur vélin, à deux colonnes avec initiales enluminées.

17 Evangelium s. Johannis, cum glossis ordinariis et interlinearibus, in fol. vél.

Ce ms. est sans doute d'une grande antiquité, probablement du Xe siècle, et non posterieur au XIe. Sur vélin, avec grandes lettres en rouge.

18 Evangelium s. Lucae, cum glossis ordinariis et interlinearibus. in fol. rel. en bois.

Ms. du XIIIe siècle sur vélin, avec initiales en couleur. Il y manque le premièr feuillet, et commence avec ces mots: *Sterilis, et ambo processissent in diebus suis.* Il finit: *Et erant sep in templo laudantes et benedicentes dm. Amen.*

19 S. Pauli Epistolae, cum variantibus et glossis ordinariis et interlinearibus. in fol. rel. en bois.

Mr le M.is de Gianfilippi a consigné sur la couverture de ce vol. la note suivante:

Qui vi sono le 14 epistole canoniche di s. Paolo tradotte dal testo originale ebraico, con antichissime varianti Man-

cano le due carte n.° 3 e 6. Codice membraneo de' primi secoli preziosissimo.

Ce ms. sur vélin contient 126 f., et chaque épître commence avec une grande lettre ornée d'arabesques en couleur.

20 **Epistolae s. Pauli apostoli, cum variantibus, et cum notis et glossis interlinearibus. in fol. rel. en bois.**

Ms. d'une grande antiquité sur vélin, avec capitales en couleur. Il commence avec deux feuillets contenant une table des épîtres en rouge et noir.

21 **Epistolae s. Pauli ad Galathas cum commentariis et prologo. Aliae ad Ephesios, ad Philippenses, ad Colossenses, ad Tessalonicenses, ad Thimoteum, ad Titum, ad Philemonem, latine. in fol. dem. rel.**

Ancien ms. sur vélin, à deux colonnes, en rouge et noir, avec grandes lettres ornées.

22 **Concordantiae bibliae secundum fratrem Mauritium ordinis minorum, in quibus etiam tractatur materia vitiorum et virtutum. in 4to, rel. en bois.**

Ms. du XVe siècle, sur vélin, à deux colonnes, avec grandes lettres et ornemens en couleur.

23 **Concordantiae historiales veteris ac novi testamenti edite et compilate a fratre Guidone de senis. Tabula super quatuor libros sententiarum per alphabetum edita a fratre Francisco Toti de Perusio. in 4to vél.**

Ms. du XVe siècle, sur vélin, à deux colonnes, en rouge et noir. A la fin du premier traité on lit :
. . . . . *explicit textus iste Justinopoli nouembris* 10 *kl*. *millesimo quatercentesimo vigesimo* vj.°

24 **Speculum humanae salvationis. in fol. rél. en bois.**

Ancien et beau ms. sur vélin, d'un ouvrage curieux écrit en vers rimés. Le volume est composé de 75 feuillets, dont les deux premiers sont occupés par la table. Tous les chapitres commencent avec une grande lettre ornée en couleur. On n'y trouve pas des figures, mais sont notés en rouge les endroits où elles devraient être placées.

25 **Dictionarium biblicum. in 4to, rel. en bois.**

Ancien ms. sur vélin, à deux colonnes, avec initiales en couleur. Il commence sans aucun intitulé par un prologue en vers rimés :
Difficiles studeo partes quas biblia gestat.
Et finit par une autre pièce en vers rimés, dont voici le premier :
Hic ego doctorum compegi scripta sacrorum.

A la suite se trouve un autre ouvrage, probablement du même auteur, dont l'intitulé est:
Expositio prologorum biblie ubi sunt difficiles.

26 CONRADI EXPOSITIO in sacram scripturam. Biblia beatissimae virginis Mariae. in fol. rel. en bois.

Ms. sur papier, portant à la fin la date de 1375. Le premier ouvrage est écrit à deux colonnes, avec initiales en rouge. Le second est à longues lignes, et à la fin on lit:
Explicit biblia beatissime virginis Marie ano MCCC.° LXXV. In vigilia Mathei apostoli.

27 EXPLICATIO S. SCRIPTURAE a Genesi usque ad librum Tobiae. in 4to rel. en bois.

Ms. du XVe siècle, sur papier. A la fin est ajouté:
Liber Honorii de ymagine mundi.

28 COLLECTIO glosarum veteris ac novi testamenti. in 8vo, rel. en bois.

Ancien ms. sur vélin, avec lettres capitales en rouge.

29 POSTILLAE in vetus testamentum Nicolai de Lyra. in fol. rel. en bois.

Ms. du XVe siècle, sur papier, à deux colonnes, d'une belle exécution, avec grandes lettres en couleur.

30 EXPOSITIO super libro Job per magistrum Petrum Lombardum compilata. in fol. non rel.

Ancien ms. sur vélin, avec grandes lettres enluminées. Le texte commence avec une grande initiale en or et couleur. Mr de Gianfilippi a consigné sur la garde du volume la note suivante:
Petrus Lombardus fuit auctor operis Magistri sententiarum, et idem Lombardus fuit magister s. Thomae de Aquino, qui glosavit sententias ejusdem Petri Lombardi sui magistri. Opus ineditum, et incognitum Bibliographis, circa sec. XII.

31 POSTILLA super libro Job edita et compilata a mag. Nicolao de Lyra. in fol. rel. en bois.

Ms. du XVe siècle, sur vélin, à deux colonnes. La première page est ornée d'arabesques en or et couleur, et d'une majuscule avec le portrait de l'auteur.

32 PRAELECTIONES in lib. Job. Commentarii in librum Hester praelecti in Accademia Argentinensi. an. 1590. in 8vo, parch.

Ms. sur papier.

33 **Expositio** super psalmos, et alia liturgica. in 4to cart.

Très-ancien ms. sur vélin, probablement du IXe siècle, avec lettres initiales en rouge. Il parait incomplet de quelques feuillets à la fin, et il provient de la bibliothèque de Saibante.

34 **Innocentii** papae III Tractatus supra septem psalmos poenitentiales. pet. in 4to, non rel.

Ancien ms. sur vélin, avec lettres tourneures.

35 **Postilla** fratris Francisci de Abbate (de Asta) ord. fratrum minorum super evangelia dominicalia totius anni. in 4to, dem. rel.

Ancien ms. sur vélin, à deux colonnes, en rouge et noir.

36 **Declamationes** ex evangelio secundum Matheum a quintodecimo capite usque ad finem. in 8vo, dem. rel.

Ms. sur papier. A la fin on lit : *Finiunt declamationes in evang. sec. Matheum per vener. P. fr. Johannem Wild.* 1541.

37 **Liber** qui dicitur Scrutinium scripturarum. in fol. cart.

Ms. du XIVe siècle, sur vélin, à deux colonnes, incomplet à la fin.

38 **Petri Comestoris** Scholastica historia. in fol. dem. rel.

Ms. du XIIIe siècle sur vélin, à deux colonnes, d'une écriture assez lisible, quoique chargée d'abréviations. Toutes les majuscules sont en couleur, et il est orné de tourneures élégantes.

39 **Petri Comestoris** Scholastica historia. in fol. rel. en bois.

Ms. du XIVe siècle, sur vélin à deux colonnes, avec illustrations en couleur, et grandes lettres ornées. L'écriture est nette, et il est d'une belle conservation.

40 **Apocalipsis** nova sensum habens apertum, et ea quae in antiqua apocalipsi erant intus, hoc est que erant abscondita, sunt manifesta. in fol. mar.

Ms. du XVIe siècle sur papier. Une note ms. sur l'une des gardes du volume fait connaître que cet ouvrage a été faussement attribué au B. P. Amadée.

Liturgie.

41 **Propria sanctorum** pro cantu ad missam. gr. in fol. rel. en bois, avec fermoirs et coins en cuivre.

Beau ms. du XVe siècle, avec plain chant noté en rouge et noir. Il est décoré de plusieurs grandes lettres avec arabesques en couleur, d'une belle exécution.

42 ORDINARIUM MISSAE. in fol. mar. r.

Ms. du XVIe siècle, sur papier, avec grandes lettres ornées en or et couleur, et plain-chant noté.

43 LIBER chorale, pro horis. in fol. rel. en bois.

Ancien ms. sur vélin, avec initiales en rouge, incomplet à la fin.

44 MISSALE romanum. in fol. rel en bois couvert de bas. dent. à froid.

Beau ms. du XIVe siècle, sur vélin, à deux colonnes, avec grandes lettres, titres et rubriques en rouge et bleu, et plain chant noté. La première page est décorée d'un encadrement en or et couleurs, et de deux belles miniatures. Les initiales sont richement enluminées.

45 MISSALE. in 4to, rel. en bois.

Ancien ms. sur vélin, avec initiales et rubriques en couleur, provenant de la bibliothèque de S. Zenon de Vérone, incomplet à la fin.

46 OFFICIUM B. Mariae virginis. in 16mo, cuir.

Ms. du XVe siècle, sur vélin, avec initiales en or et couleur. La première page est ornée d'un encadrement avec miniature.

47 OFFICIUM B. M. V. pet. in 16mo, chagrin.

Ms. du XVe siècle, sur vélin, incomplet au commencement. Chaque feuillet est orné de bordures en or et couleur, avec des fleurs, et des petites lettres initiales d'une très-belle exécution. Il est à désirer que ce vol. fût d'une meilleure conservation.

48 OFFICIUM B. M. V. in 16mo, rel. en bois couvert de velours.

Ms. du XVe siècle, sur vélin, orné de bordures, miniatures, et initiales en or et couleur. Il y manque deux feuillets, le premier du calendrier et le premier du texte.

49 OFFICIUM B. M. virginis. in 16mo, non rel.

Ms. du XVe siècle sur vélin, avec initiales et encadrement en or et couleur.

50 **Officium B. Mariae virginis. in 16mo, non rel.**

Ms. du XVe siècle sur vélin, avec miniature, grandes lettres et encadremens en or et couleur.

51 **Officium B. virginis Mariae. in 16mo, rel. en bois.**

Ms. du XVe siècle sur vélin avec initiales colorées.

52 **Horae de Sancta Cruce, Horae B. M. virginis et Septem psalmi poenitentiales. pet. in 16mo, veau.**

Ms. du XVe siècle, sur vélin, avec miniatures, initiales et ornemens en or et couleur.

53 **Breviarium vetus secundum consuetudinem romanae curiae. in 4to, rel. en bois.**

Ancien ms. à deux colonnes, en rouge et noir, avec majuscules *en or et couleur. Il y* manque deux feuillets, et quelques lettres initiales.

54 **Breviarium pro fratribus ord. S. Francisci. in 4to, rel. en bois.**

Ms. du XVe siècle, sur vélin, caractères rouges et noirs.

55 **Processionarium ordinis fratrum predicatorum. pet. in 4to, veau.**

Ms. sur vélin exécuté en 1665. Il est composé presque *en totalité de* plain-chant noté en rouge et noir.

56 **Litaniae majores. Missa pro sponso et sponsa. pet. in 4to, bas.**

Ms. du XVe siècle, sur vélin, avec grandes lettres ornées.

57 **Pontificale romanum. in 4to, rel en bois.**

Ancien ms. sur vélin, en rouge et noir, avec grandes lettres ornées en couleur. A la fin est ajouté : *Ordo ad benedicendum formas pro campanis.*

58 **Rituale romanum. in 4to, rel. en bois.**

Ancien ms. sur vélin, avec miniatures, initiales en or et couleur, et plain-chant noté. Il est en mauvais état.

59 **Rituale romanum in 8vo, non rel.**

Ms. du XVe siècle, sur vélin, caractères rouges et noirs.

60 Comune sanctorum secundum consuetudinem romanae curiae. pet. in 8vo, non rel.

Ms. du XVe siècle sur vélin, avec initiales colorées.

Saints Pères.

61 Jo. Damasceni opera varia, graece. in 4to vél.

Ms. sur papier, d'une grande antiquité, avec titres et initiales ornées en rouge. Il porte le n.° 29 de la collection Saibante.

62 Homiliae variorum auctorum, graece. in fol. rel. en bois.

Ms. sur vélin, d'une grande antiquité, en beaux caractères, avec titres, encadremens et initiales ornées en rouge. N.° 11 de Saibante.

63 Homiliae diversorum auctorum, graece. in 4to, parch.

Ms. du XVe siècle sur papier. Il porte le n.° 13 en rouge de la collection de Saibante.

64 Liber Rabani super Genesi, Exodo, Levitico, Numeri, Deuteronomio, Iudicum, Regum et Nichea. pet. in fol. dem. rel.

Ms. sur vélin, d'une grande antiquité, probablement antérieur au Xe siècle.

65 Origenis Expositio super epistolam Pauli ad romanos, quam ipse transtulit de graeco in latinum, cum praefat. S. Hieronymi ad Heraclium. pet. in fol. bas.

Précieux ms. d'une antiquité reculée, sur vélin, avec initiales ornées en couleur. Il ne doit pas être postérieur au Xe siècle, et il est bien conservé.

66 Lactantii Firmiani Divinarum institutionum adversus gentes libri VII, de ira Dei et de opificio hominis. pet. in fol. rel. en bois.

Superbe ms. sur vélin exécuté vers le milieu du XVe siècle, d'une lettre cursive remarquablement nette et regulière. Les lettres capitales sont richement décorées d'arabesques en or et couleur. Les titres et les premières lignes de chaque livre sont en majuscules alternativement rouges et bleues.

67 Homeliae beati Gregorii papae in Ezechielem prophetam XXII dictatae in paterachio lateranensi in basilica quae apellatur aurea. in 4to. non rel.

Ancien ms. sur vélin à deux colonnes. Les initiales sont richement enluminées et réhaussées d'or, avec belles miniatures. N.° 521 de Saibante.

68 S. Gregorii Homiliae in Ezechielem. in fol. bas.

Ms. sur vélin, à deux colonnes, d'une grande antiquité, probablement du siècle X.e Le dernier feuillet contient le commencement de l'évangile de S. Mathieu, avec la musique notée à la manière des anciens.

69 B. Gregorii Papae liber pastoralis. B. Augustini Enchiridion. pet. in fol. bas.

Ms. d'une grande antiquité, probablement du siècle XI.e sur vélin, avec titres et initiales en rouge. On lit à la fin du second traité :

EXPLICIT LIBER ENCHIRIDIO
SCI AUGUSTINI AD LAVRENCIVM
PRIMICERIVM ECCLESIE [illegible]BICE.

70 Pastorale Sancti Gregorii et tractatus de septem viciis principalibus. in 4to rel. en bois.

Ancien ms. sur papier avec initiales en couleur.

71 S. Ambrosii Epistolarum libri X. in fol. rel. en bois.

Superbe et ancien ms. sur vélin, d'une belle exécution. La première page et les lettres capitales sont richement enluminées.

72 S. Hieronymi in evangelium divi Marci expositio in 4to, rel. en bois.

Ancien ms. sur vélin, d'une écriture assez lisible. Il commence sans aucun intitulé, avec une capitale ornée d'arabesques en or et couleur, au milieu de la quelle est le portrait du saint, et au bas de la première page on voit des armoiries.

73 Hieronymi presbiteri preclarum opus in Jovinianum. in 4to, rel. en bois.

Ms. sur papier, avec majuscules en or et couleur. On lit au *recto* du dernier f.

EXPLICIT LIBER HIERONIMI CONTRA
JOVINIANVM . XV DIE JVLLII M . CCCC
XXXVI . IN BERGOMO . PER ME
JACOBVM BRERDVLANVM . VIN
CENTINVM . SCRIPTVS FVIT .

74 Hieronymi Epistolae. in fol. cart.

Ancien ms. sur papier à deux colonnes. Le portrait du saint est peint dans la première majuscule. Il porte le n.° 586 de SAIBANTE.

75 EPISTOLAE Beati Hieronymi. gr. in fol. rel. en bois.

Ancien ms. sur papier, à deux colonnes, avec titres et initiales en rouge. On lit au *recto* du dernier f.

Expliciunt eple Beati Jeronimi
pbri. Numero. C. xxiij
Istud opus scripsit teutinensis
dextra Leonardi.

76 S. HIERONYMI Epistolae ad Eustochium de virginitate servanda et ad Furiam de viduitate servanda. pet. in 4to, parch.

Ancien ms. sur vélin, incomplet au commençement et à la fin.

77 S. HIERONYMI Epistolae variae, pet. in 4to, cart.

Ancien ms. sur vélin, incomplet à la fin.

78 EPISTOLAE S. Hieronymi, vita Malchi et libellus S. Augustini de vita et moribus clericorum. in 4to, rel. en bois.

Ancien ms. sur papier avec lettres initiales en rouge.

79 B. HIERONYMI Flores collecti per Fr. Barth. de Colle. — Verba Hieronymi in commendationem et laudem Lactantii Firmiani. in 8vo, rel. en bois.

Ms. exécuté en 1470, partie sur papier et partie sur vélin, avec initiales en couleurs, titres et rubriques en rouge.

80 B. AUGUSTINI et B. HIERONYMI Opuscula. in 4to, rel. en bois.

Ms. d'une grande antiquité, sur vélin, avec capitales ornées d'arabesques en or et en couleur, dont plusieurs renferment des miniatures. Voici la liste des pièces qu'il contient :

B. Augustini de vita beata
— — *de ordine*
— — *de prohibendis kalendis Januarii*
— — *de Auguriis.*
B. Hieronymi vita Macarii Alexandrini
— — *de Moyse ethiope*
— — *de Monaco captivo.*
Lode di S. Girolamo in terza rima per
dominam Batista de Malatestis.
Vita B. Pauli primi heremitae.

81 S. AUGUSTINI ENCHIRIDION et alia SS. patrum Hieronymi, Ambrosii, Hilarionis, Isidori, Jo. Chrysostomi, Partenii episcopi, Buchardi Gormacensis opera. in 4to, non rel.

Ms. sur vélin, avec titres et initiales en rouge. Il est d'une grande antiquité, probablement du X. siècle.

82 LIBER Retractationum S. Augustini. in 4to, vél.

Ms. sur papier, avec initiales et titres en rouge. On lit à la fin:

Explicit Terciusdecimus liber Confessionum sci Augustini Episcopi. Sub die xxiii mensis septembris. Anni M. IIIJ. LVIJ. *Matheus Eps Tiropolitanus S. Laurentii de Verona commendatarius me scripsit.*

83 EPISTOLA Beati Augustini ad Bonifacium comitem. in 4to, cart.

Ancien ms. partie sur vélin et partie sur papier.

84 LIBER Soliloquiorum B. Augustini. — Vita B. Francisci. in 4to, rel. en bois.

Ancien ms. sur vélin, à deux colonnes, avec grandes lettres ornées d'arabesques en or et couleur, et une miniature représentant le Christ en croix. De la collection SAIBANTE.

85 LIBER Soliloquiorum Augustini. — Meditationes, et alii tractatus B. Bernardi. pet. in 4to, rel. en bois.

Ms. d'une grande antiquité sur vélin, avec lettres capitales ornées d'arabesques en couleur.

86 MAGNI BASILII de litteris per L. Aretinum ad dom. Collutium e graeco traductus. in 4to, rel. en bois.

Superbe ms. sur vélin exécuté au commencement du XVe siècle. La première page est décorée d'une grande capitale en or et couleur, au milieu de la quelle est le portrait du saint en miniature. Ce ms. contient encore:

Xenophontis de tyrannica et privata vita libellus per L. Aretinum.

Aristotelis de virtute libellus.

Vita B. Malchi per S. Hieronymum.

B. Pauli primi heremitae vita a B. Hieronymo compilata.

Toutes ces pièces commencement par une grande lettre entourée d'arabesques en or et couleur. De la colletion SAIBANTE.

87 MAGNI BASILII ad filios suos instruendos liber per L. Aretinum e graeco in latinum traductus. in 4to, non rel.

Ms. du XVe siècle sur papier, avec initiale en couleur.

88 S. ZENONIS Sermones et vita. pet. in fol. rel. en bois.

Ms. sur vélin, d'une grande antiquité, d'une belle exécution, et parfaitement conservé. Il commence avec l'intitulé suivant en lettres d'or:

INCIPIT TRACTATVS
STI SENOIS VOSEN EPPI.

89 LIBER Beatissimi Bernardi de virtutibus ad sororem suam. in 4to, rel. en bois.

Ms. d'une grande antiquité, sur papier, avec titres et majuscules en couleur.

90 LIBER S. Bernardi abbatis de virtutibus ad sororem. in 4to, cart.

Ms. du XVe siècle sur papier, avec initiales et titres en rouge.

91 OPUSCULA varia B. Bernardi, S. Thomae de Aquino, S. Augustini et S. Ambrosii, in 4to, non rel.

Ms. du XVe siècle sur papier, à deux colonnes, avec initiales et titres en rouge. De la collection SAIBANTE.

92 TRACTATUS S. Bernardi de edificanda domo spirituali atque interiori, etc. — Liber S. Ambrosii de conflictu vitiorum et virtutum, etc. pet. in 4to, bas.

Ms. du XVe siècle, partie sur vélin et partie sur papier. Il contient encore autres traités de S. Bernard en vers et en prose.

93 HOMILIAE sanctorum patrum, in dominicis per annum. in 4to, parch.

Ms. du XVe siècle, sur papier.

94 LIBER Sintillarum venerab. Bede. in 8vo, non rel.

Ms. du XVe siècle, sur papier, avec initiales et titres en rouge.

Théologiens.

95 ALBERTI MAGNI summa theologicae veritatis. — Sermo fr. Bernardini de Senis de sacra religione. pet. in 4to, rel. en bois.

Ms. du XVe siècle, sur vélin à deux colonnes, avec majuscules, titres et rubriques en rouge et bleu.

96 ANONIMI Theologia. gr. in fol. rel. en bois.

Ms. sur vélin, à deux colonnes, d'une belle exécution. La première page du texte est décorée d'une belle initiale avec bordure en or et couleur. A la fin on lit :

Expleta MCCCCLXII pro loco S. Bernardini Veronae.

97 Breviloquium fratris Bonaventurae; accedit liber sententiarum sanctorum virorum de viciis et virtutibus. in 8vo non rel.

Ancien ms. sur vélin, avec lettres capitales en couleur. Le premier traité est écrit à longues lignes, le second à deux colonnes. De la collection de Saibante.

98 Liber S. Bonaventurae de forma bene vivendi. in 8vo, cart.

Ms. exécuté à la fin du XVe siècle, sur papier, d'une écriture cursive tres nette et très régulière, avec trois grandes lettres en or, ornées d' arabesques en couleur, et autres capitales en rouge.

99 Liber qui dicitur ymago vite domini Bonaventurę cardinalis, et alii tractatus. in 8vo, rel. en bois.

Ms exécuté en 1471, partie sur vélin et partie sur papier, avec majuscules en couleur. Il contient entre autres traités :

Liber Innocentii papae de contemptu mundi. De provintia Calabriae. De fratre Daniele cum vj sociis suis martir ibus. La vita e regola di fratri de provincia.

100 S. Joannis Climaci Scala Paradisi. — Eiusd. liber ad pastorem. — Sermones S. Ephrem ex versione Ambrosii monaci camaldulensis. in 4to, dem. rel.

Très-beau ms. sur vélin, d'une écriture nette et régulière, orné de très-belles lettres en or, azur et couleur. La première page est décorée d'un encadrement avec arabesques d'une exécution parfaite. La note suivante est au *recto* du dernier f.

ANTONIVS . MARII . FILIVS . FLORENTINVS
CIVIS . ATQ . NOTARIVS . TRANSCRIPSIT .
FLORENTIAE . VIII . IDVS . OTTOBR . MCCCCX .

101 Scotellus, seu quaestiones thelogicae. in 4to, rel. en bois.

Ms. du XVe siècle, sur vélin, à deux colonnes, avec initiales et rubriques en couleur

102 Jo. Scoti Quaestiones. gr. in fol. rel. en bois.

Ms. sur vélin, à deux colonnes, avec une grande capitale en or et couleur, et autres majuscules ornées. On lit à la fin :

CORNELIVS FERBOVIS SCRIPSIT ANO 1470.

103 **Johannis Scoti** in librum quartum sententiarum. gr. in fol. rel. en bois.

Ms. sur vélin à deux colonnes, d'une belle exécution, avec majuscules et ornéments en couleur. On voit sur la première page dans une grande initiale en or et couleur une belle miniature représentant l'auteur. A la fin on lit:
Hic liber qui est quartus Scoti .... scriptus per manus Cornelii de Mera .... Anno 1472 ....

104 **Johannis Scoti** in secundo sententiarum. Eiusdem quolibeta, et tractatus de articulis fidei. gr. in fol. rel. en bois.

Ms. sur vélin, à deux colonnes, avec grandes lettres ornées. La première page est décorée d'une belle capitale en or et en couleurs. On lit à la fin du second traité:
Expliciunt Quolibeta doct. subtilis mag. Jo. Scoti scripta per me Cornelium de Mera. Anno 1470.

105 **Scriptum** de anima secundum mag. Jhoannem de Janduno. in fol. rel. en bois.

Ms. du XVe siècle, sur papier à deux colonnes, avec grandes lettres ornées en or et couleur.

106 **Summa** de anima fr. Alberti Theotonici. gr. in fol. parch.

Ms. du XVe siècle, sur papier, à deux colonnes, de la collection de Saibante.

107 **Summa** quae magistrutia seu pisanella vulgariter nuncupatur. in 4to rel. en bois.

Ms. sur vélin, à deux colonnes, avec initiales rouges et bleues, à la fin du quel on lit:

EGO FRATER LVDOVI-
CVS DE VERONA ORDI-
NIS MINORVM INDIG.
NVS SCRIPSI . M . CCCC . LVI . DIE
viij . Marcii . In loco scti petri in vi-
menario.

108 **Manipulus** curatorum Guidonis de monte Rocherio. in 4to, parch.

Ms. sur papier exécuté en 1469.

109 **Litteralis** quadriga (fr. Nicolai de Osmo). in fol rel. en bois.

Ms. sur vélin, à deux colonnes, avec initiales ornées, d'une écriture nette et régulière. Il a été exécuté dans le XVe siècle, et on lit à la fin:
Leo de Citrario scripsit.

110 GUALDI abbatis Bonevallis de ultimis verbis domini, quae in cruce locutus est. in 4to, rel. en bois.

Beau ms. du XIIIe siècle, sur vélin, avec grandes lettres ornées d'arabesques en couleur, d'une belle exécution.

111 TRACTATUS de passione Christi, auctoris anonymi. in 4to, rel. en bois.

Ms. du XVe siècle, sur papier, d'une belle écriture avec une grande initiale, ornée d'arabesques et fleurs, en or et couleur

112 TRACTATUS de Sacramento Eucaristiae. in fol. rel. en bois.

Ms. du XVe siècle, sur vélin, avec initiales en couleur. On lit à la fin:

Expliciunt theoremata de hostia consecrata . et cetera.

Les gardes de ce volume sont occupées par des notes musicales, à la manière des anciens.

113 PETRI BARROCII episcopi Bellunensis Liber de ratione bene moriendi, ad Marcum Barbum patriarcham Aquilegiensem. in 4to, non rel.

Ms. du XVe siècle, sur papier, inédit.

114 SUMMA de casibus conscientiae compilata a fratre Bartholomeo de sancto Concordio ordinis fratrum predicatorum de Pisis. in 4to, rel. en bois.

Ms. sur vélin, à deux colonnes, d'une belle exécution. La première lettre en or et couleur renferme le portrait de l'auteur. Ce ms. porte à la fin la date de 1338.

115 SUMMA de casibus conscientiae fr. Bartholomei de Pisis. in 4to, non rel.

Ms. du XVe siècle, sur vélin, d'une belle écriture, avec majuscules alternativement rouges et bleues.

116 SUMMA de casibus conscientiae fratris Bartholomei de sancto Concordio. in fol. rel. en bois.

Ms. sur vélin, à deux colonnes, avec initiale en or et couleur, à la fin du quel on lit:

Scripta per me dominicum molam

. . . . . 20 *die Maij* 1428.

117 SUMMA confessorum Johannis Theutonici. gr. in fol. rel. en bois.

Ms. du XVe siècle, sur vélin, à deux colonnes, avec ornements et un grand nombre de lettres capitales en or et couleur, renfermant de miniatures.

118 SUMMA magistri Raimundi. — Summa confessionum fr. Antonini (Defecerunt). in 4to, vél.

Ms. du XVe siècle, sur vélin, avec initiales et titres en rouge.

119 D. ANTONINI Confessionale (Defecerunt) et summa de penitencia. in fol. rel. en bois.

Ms. du XVe siècle, sur papier, avec initiales en rouge.

120 CONFESSIONALE mag. Antonini (Defecerunt). — S. Bernardini de Senis Tractatus usurae, et Tractatus restitutionum ejusdem. in 4to, rel. en bois.

Ms. du XVe siècle, sur papier.

121 S. ANTONINI Confessionale, et Tractatus de restitutionibus. pet. in 4to, rel. en bois.

Ms. du XVe siècle, sur vélin, d'une écriture nette. Au commencement de ce volume se trouve un feuillet imprimé sur vélin en 1481. contenant une lettre patente du Pape Siste IV, à l'occasion de la guerre contre le Turc.

122 S. ANTONINI de excomunicatione. in 8vo, rel. en bois.

Ms. du XVe siècle, sur vélin, à deux colonnes. On lit à la fin:
Scriptum per me Cornelium de Mera, 1471.

123 TRACTATUS de scientia confessoris editus a fr. Antonino. in 4to, rel. en bois.

Ms. du XVe siècle, sur papier, à deux colonnes.

124 ORDO brevis qui observandus est in confessione. — Circumspectio Beati Bernardi. in 4to, rel. en bois.

Ancien ms. sur papier, avec titres et capitales en rouge. L'écriture des deux traités est différente.

125 TRACTATUS de confessione, auctoris anonymi. in 4to, rel. en bois.

Ancien ms. sur papier, avec initiales en couleur.

126 CONFESSIONALE sive interrogatorium fr. Barthol. de Chaymis. in 8vo, rel. en bois.

Ms. du XVe siècle, sur vélin, à deux colonnes, avec titres, initiales et rubriques en couleur.

127 MISCELLANEA jansenistica. in 8vo, dem. rel.

Ms. du XVIIIe siècle, sur papier. Il contient:
De controversiis contra gratiam
De la grace victorieuse de J. C.
Constitutions du Jansenisme etc.

Sermonnaires.

128 SERMONES in evangelia, GRAECE. in fol. n. rel.

Ms. du XVe siècle, sur papier, incomplet de quelques feuillets au commencement. Probablement il est le même mentionné par MAFFEI (*parte terza, col.* 273), sous ce titre: *Omilie di Sifilino sopra gli Evangelj delle domeniche di tutto l'anno: manca il principio: inedite.*

129 SERMONES Sancti Bernardi abbatis. pet. in 4to, rel. en bois.

Beau ms. du XIVe siècle, sur vélin, d'une écriture très-nette et très-régulière, avec un grand nombre de majuscules ornées d'arabesques en couleur, d'une belle exécution. Les gardes en vélin de ce ms. contiennent de la musique ecclésiastique notée à la manière des anciens.

130 S. ZENONIS Sermones. in 4to, veau.

Ms. du XVe siècle, sur papier, incomplet à la fin.

131 SERMONES et tractatus decalogi secundum Franciscum Maronem. in 4to, rel. en bois.

Ms. du XVe siècle, sur vélin, à deux colonnes, d'une écriture fine et nette, avec initiales en couleur.

132 SERMONES quadragesimales fr. Joannis de Sancto Germano. pet. in 4to, rel. en bois.

Ancien ms. sur vélin, à deux colonnes.

133 FR. BARTHOLOMEI de Pisis Sermones in festis et de Sanctis, Quadragesimale dubiorum a septuagesima ad feriam tertiam post Pascha. Sermo de tentatione et de casibus. in fol. rel. en bois.

Ms. du XIVe siècle, sur papier, à deux colonnes. Ouvrages inédits.

134 **Praedicationes** venerab. fratris Bernardini ante quadragesimam. in 4to, rel. en bois.

Ms. du XVe siècle, partie sur vélin et partie sur papier, orné de lettres capitales en couleur. Il contient plusieurs sermons inédits, comme le fait connaître la note suivante autographe signée *Scip. Maffei*, la quelle est collée sur la garde du volume :

Tenga gran conto di questo manoscritto che contiene sermoni di S. Bernardino da Siena raccolti dalla sua voce e non mai stampati.

Scip. Maffei.

135 **Sermones** S. Bernardini de Senis. in 4to, rel. en bois.

Ms. du XVe siècle, partie sur papier et partie sur vélin, à deux colonnes, avec initiales et titres en rouge.

136 **Fr. Antonii Botontini** Sermones quadragesimales. in 4to, rel. en bois.

Ms. du XVe siècle, sur vélin, à deux colonnes, avec majuscules et titres en couleur, d'une belle exécution.

137. **Quadragesimale** seu sermonarium duplicatum per adventum et quadragesimam editum a fr. Michaele de Mediolano. in 4to, rel. en bois.

Ms. du XVe siècle, partie sur vélin et partie sur papier, à deux colonnes, avec une grande initiale en or et couleur, d'une belle exécution, et autres capitales enluminées.

138 **Collationes** dominicales et feriales totius anni, editae a fr. Bertrando a Turre. pet. in 4to, bas.

Ms. du XIVe siècle, sur vélin, avec initiales coloriées.

139 **Anonymi** Sermones per totum annum. pet. in 4to, rel. en bois.

Ms. du XVe siècle, sur vélin, à deux colonnes, avec initiales en couleur.

140 **Sermones** sacri Anonymi; accedit liber de contemptu mundi Innocentii papae tertii. in fol. rel. en bois.

Ancien ms. sur papier, à deux colonnes, avec initiales coloriées.

JURISPRUDENCE.

Droit romain.

141 JUSTINIANI Digestorum seu Pandectarum, cum glossis marginalibus. in fol. rel. en bois.

Ms. sur vélin, d'une grande antiquité, à deux colonnes, avec lettres initiales, titres et rubriques en couleurs. Il est composé de 224 feuillets, dont les 8 derniers contiennent une partie intitulée: *De diversis regulis iuris antiqui.*

142 JUSTINIANI Institutionum libri IV. in fol. rel. en bois.

Ancien ms. sur vélin, à deux colonnes, avec glosses marginales, titres et rubriques en couleur. Les lettres initiales de chaque livre ont été enlevées. Il provient de la collection de SAIBANTE, n.° 1074.

143 IN LIBROS IV Institutionum Imp. Justiniani Explicationes verborum et rerum tradebat Julius Caesar Becellius. in 4to, veau.

Ms. du XVIIIe siècle, sur papier.

144 LEGES Langobardorum. pet. in fol. vél.

Ce ms. très-précieux apartenait au couvent de Sainte Euphemie de Vérone. On en trouve une notice détaillée dans *Canciani Barbarorum leges antiquae*, vol. II, pag. 461, où ce ms. est jugé être anterieur au siècle XIe. Canciani a publié diverses *Formulae* d'après ce même ms. Il contient 115 feuillets. Au verso du f. 104 on lit: *Explicit lex lombarda do gratia am.* Suivent 4 feuillets contenant des Formulaires, et à la fin 7 feuillets sont occupées par la loi Salique. Cette partie commence par 14 lignes qui ne sont pas dans la *Lex Salica reformata* publiée par Canciani vol. II, pag. 123.

A ce ms. est jointe une notice autographe signée *Federigo Blume*, datée de Vérone 1822, où sont mentionnés plusieurs ms. des Lois lombardes, et où il est dit que le present est un des plus anciens et de plus complets.

145 SUMMA magistri Gaufridi. in fol. rel. en bois.

Ms. sur vélin de l'année 1265, à deux colonnes, avec lettres initiales, et titres en couleurs. A la fin on lit:
Explicit suma magri Gaufridi . . .
Scripta fuit Parisiis . xi . Klas Marcij
Anno dni M . cc . Lx . q'nto —

146 SPECULUM iudiciale magistri Guilielmi Durandi. gr. in fol. rel. en bois.

Ms. d'une grande antiquité, sur vélin, à deux colonnes La première lettre contient le portrait de l'auteur en miniature. Les initiales de chaque livre sont decorées d'arabesques en couleur. A la fin on lit:

Explicit Judiciale magri Guilli durati deo gras Am.

147 **Opus** Statutorum compositum per Albericum de Roxiate. gr. in fol. non rel.

Ms. sur papier de l'an 1387. Il commence par 10 feuillets de table. Le premier f. du texte est décoré d'une grande initiale et d'armoiries ornées d'arabesques en or et couleurs. A la fin de la 4e partie on trouve:

Completum fuit opus hoc ani dni 1387, die martis 16 Jullij.

Après suivent: *Regule statutorum per bar.* (Bartolum) *et per bal.* (Baldum).

148 **Rolandini** Flores legum. in fol. dos de vél.

Ms. du XVe siècle, partie sur vélin, et partie sur papier. La première page du texte est ornée d'une majuscule en or et couleurs, et d'armoiries avec les initiales . A. . S. On lit à la fin:

Ego Angelus not. filius Georgii de Sigismondis scripsi et explevi die Mercurii undecimo novebr. Mccccl xxij (1472).

149 **Complementum** Aurore magistri Rolandini. in fol. non rel.

Ms. sur vélin de l'année 1380, avec initiales, titres et rubriques en rouge. A la fin on lit:

Explicit opusculum si. complementum aurore magistri Rolandini compilatum per egregium juris professorem dominum Johannem de magiis notarium veronensem . . . . de millesimo tercentessimo octuagessimo.

Maffei (*Verona illustr., par.* 2, *col.* 64) mentionne ce même ms. qui existait dans la collection de Saibante.

150 **Practica** notaria. pet. in fol. rel. en bois.

Ms. du XVe siècle, sur vélin d'une belle écriture. Il commence avec cet intitulé en rouge:

TABVLA PRACTICE NOTARIAE
SEQVITVR ET TALIS EST.

Ce qui rend ce ms. d'un grand interêt, est la copie de plusieurs lettres et privilèges de divers Princes et États d'Italie, dont voici la note:

Littere Ill.mi d. Antonii de la Scala misse comunitati sue Vincentie

Littere Ill. et excellentiss. principis comitis virtutum ducis Mediolani misse M. comunitati vincent. sub cuius dominio tunc erat civitas Vincentia.

Compromissum inter Ill. principem d. philippum mariam mediolani ducem ex una et Ill. et excell. dm nrm Venetu et alios dnos et coitates ex alia parte.

Littere rupte Janue notificate ab excelso dno comite virtutum huic coitati vincen.
Privilegium indultum coi brendularum.
Privilegium attestans quaemadmodum M. nicolaus piccininus factus est de domo Arragonum.
Littere regis caroli misse petro fri regis Arragonum.
Littere responsive dictis litteris etc.

151 **Angeli de Perusio Varii tractatus legales. gr. fol. rel. en bois.**

Ms. du XVe siècle, sur papier à deux colonnes, avec initiales ornées en couleurs. On lit à la fin:
Et sic est finis hujus operis. Scriptum per me Joannem de tremonia scriptorem in civitate Mutinensi, Deo gracias amen.

152 **Raynerii Perusini de contractibus et pactis, de judiciis, et de ultimis voluntatibus. in 4to, rel. en bois.**

Ms. sur vélin, du XIIe siècle, et d'une belle écriture, avec lettres initiales ornées en couleur.

153 **Apparatus Juditiorum Petri Monzelle. in fol. rel. en bois.**

Ms. sur vélin du XIIIe siècle, à deux colonnes, avec grandes lettres, titres et rubriques en rouge.

154 **Lectura Francisci de Zabarellis super decretalibus. in fol. rel. en bois.**

Ms. du XVe siècle, sur papier. Il contient 687 feuillets, et il est incomplet à la fin.

155 **Antonii de Buto Lectura super prima parte decretalium. gr. in fol. rel. en bois.**

Ancien ms. sur papier, à deux colonnes, avec grandes lettres ornées en couleurs. Sur l'une des gardes on lit:
Mei pauli Andree del bene doctoris de Verona.

156 **Antonii de Buto De officio et potestate iudiciali. gr. in fol. rel. en bois.**

Ancien ms. sur papier, à deux colonnes, avec initiales enluminées. La première page est décorée d'une capitale et d'armoiries peintes en or et en couleurs.

157 **Dini Tractatus super titulo de regulis juris. — Jacobi de Belvisio Solutiones questionum supra codice. gr. in fol. rel. en bois.**

Ms. d'une grande antiquité, probablement du siècle XIe Il commence avec une grande initiale ornée:

Incipit tractatus domini digni sup. titulo de regulis iuris.

L'ouvrage de J. de Belvisio est divisé en deux parties. Le ms. est à deux colonnes, et il y manque quelques feuillets à la fin.

158 **Novellae** Joannis Andreae super tribus libris decretalium. gr. in fol. rel. en bois.

Ancien ms. sur papier, à deux colonnes. Il commence au *recto* du premier feuillet avec cet intitulé:

De vita et honestate clericorum.

On lit à la fin:

Explicit II pars novel. domini Johannis Andree super tribus libris decretalium.

159 **Summa** introductoria super officio advocatoris in foro ecclesie a Bonaguida de Arecio judice et juris professore composita. in 4to, rel. en bois.

Ms. du XVe siècle, sur vélin, à deux colonnes, avec titres, rubriques et lettres initiales ornées en couleur.

160 **Tractatus** de jure patronatus regio ac ecclesiastico super lege regia hispanica authore Sebast. Pinello I. C. Lusitano. in fol. parch.

Ms. du XVIIe siècle, sur papier.

161 **Allegationes** juris civilis, Thomae de Ligoro. in fol. cart.

Ms. du XVIIIe siècle, sur papier.

162 **Capitularius** omnium provisionum factarum super fontico bladorum comunis Belluni, a principio quo factus fuit ipse fonticus usque ad hunc diem presentem (2 Junii, 1492). in fol. rel. en bois.

Ms. du XVe siècle, sur vélin. Sur le premier feuillet sont peintes les armoiries de la Repub. de Venise et celles de la ville de Belluno. Le dernier feuillet contient un privilège de Léonard Lauredano daté de 1517.

Droit ecclésiastique.

163 **Canones** ecclesiasticorum graecorum. in fol., parch.

Ancien ms. sur papier, de la collection Saibante, à la fin du quel on lit:

Isti sunt canones quorum auctoritate greci adversantur latinis. Amen.

464 **Summa in iure canonico expediens multas materias secundum ordinem alphabeti. in 4to, rel. en bois.**

Ms. du XIVe siècle, sur vélin, à deux colonnes, avec initiales et ornements en couleur.

465 **Conclusiones in libris Decretalium anonymi. pet. in 4to, rel. en bois.**

Ms. du XVe siècle, sur papier, d'une écriture nette, avec initiales coloriées.

466 **Fr. Egidii de Roma Quaestiones in primum sententiarum. in fol. rel. en bois.**

Ms. du XVe siècle, sur vélin, à deux colonnes, avec initiales en couleur.

467 **Conflatus magistri Francisci Maronis super primo libro sententiarum. gr. in fol. rel. en bois.**

Ms. sur beau papier, d'une écriture cursive parfaitement nette et régulière. On lit à la fin :
Scriptum per me eustachium Middelburgh de zelandia nec non de almania bassa. Anno dni millesimo quadrigentesimo sexagesimo nono . . . . .

468 **S. Bonaventurae Secundus liber sententiarum. in fol. rel. en bois.**

Ms. du XVe siècle, sur vélin, à deux colonnes, avec initiales et rubriques en rouge et bleu.

469 **Liber quartus super sententias editus a fratre Richardo de Mediavilla. pet. in fol. rel. en bois.**

Ms. du XIV siècle, sur vélin, à deux colonnes, avec initiales en rouge et bleu, d'une écriture nette et parfaitement conservé.

470 **Alexandri de Alexandria Scriptum super primum sententiarum. Ejusdem quolibet. in fol. rel. en bois.**

Ms. du XIVe siècle, sur vélin, à deux colonnes, avec initiales et encadrements en or et couleurs. Au commencement de chaque ouvrage est une grande lettre, avec miniatures.

471 **Liber qui vocatur supplementum fr. Nicolai de Ausmo. in fol. rel. en bois.**

Ms. sur vélin, à deux colonnes, avec initiales et ornements en couleur. On lit à la fin:

Hoc opus per me fr. Bartholomeum de feltro . . . . . . scriptum est. Anno domini Mcccc . lxvj .

Après se trouve :

Summula fr. Johannis de Prato.

172 Fr. Antonini Censurae ecclesiasticae. in 8vo, rel. en bois.

Ms. du XVe siècle, sur vélin, à deux colonnes.

173 Fr. Antonini De restitutionibus. in 4to, rel. en bois.

Ms. du XVe siècle, sur papier, d'une belle exécution.

174 S. Bernardini de Senis Restitutiones et alii tractatus, in 4to, rel. en bois.

Ms. à deux colonnes, partie sur vélin et partie sur papier, exécuté en 1480.

175 Tractatus usurarum Fr. de Platea. — Meditationes B. Bonaventurae. — Praecepta decalogi per Franciscum Mayronem et alia. in 8vo, rel. en bois.

Ms. du XVe siècle, sur vélin, avec initiales en or et couleur.

176 Tractatus de usuris fr. Francisci de Platea. — Contractus et usurae secundum S. Bernardinum de Senis. — Opus restitutionum fr. Franc. de Platea. — Consilium in materia livellorum Alexandri del Nevo. in 4to, rel. en bois.

Ms. partie sur vélin, et partie sur papier, exécuté en 1468.

177 Tractatus excomunicationum per fratrem Franciscum de Platea. — Tractatus de usuris Alexandri de Alexandria. in 4to, rel. en bois.

Ms. du XVe siècle, sur papier, avec initiales et titres en rouge.

178 Regula S. Hieronymi. pet. in 4to, rel. en bois.

Ancien ms. sur vélin, avec titres en rouge et initiales en couleur.

179 Regula fratrum minorum. — Queste sono indulgencie concesse a queli li quali visitano le chiesie de tuti li frati de lordine de seto francesco. pet. in 4to, bas.

Ms. du XVe siècle, sur vélin, avec titres et initiales en couleur.

180 **Regula** B. Augustini. — Privilegium quod dicitur Maremagnum Sixti papae quarti ordini fr. praedicatorum concessum et alia. in 8vo, rel. en bois.

Ms. sur papier, de la fin du XVe siècle.

181 **Constitutiones** et decreta Soc. Jesu. in 8vo, parch.

Ms. du XVIIe siècle, sur papier. Il contient encore autres pièces en italien rélatives aux Jesuites.

182 **Formula** in regulari observantia servanda edita per fr. David. pet. in 4to, rel. en bois.

Ms. du XVe siècle, sur vélin.

183 De illicita examinatione et retentione Bullarum apostolicarum tractatus apologeticus Patris Antonini Dianae Panormitani. in 4to, parch.

Ms. du XVIIe siècle, sur papier.

184 **Privilegia** concessa monasterio S. Zenonis Veronae ab anno 885 ad annum 1556. in 4to, rel. en bois.

Ms. du XVIe siècle, sur papier.

185 **Synodus** Veronae habitae ab anno 1584 ad 1604. in 4to cart.

Ms. sur papier, de la collection Saibante.

186 **Modus** servandus quando aliqua soror debet intrare monasterium Sanctae Clarae. in 4to, rel. en bois.

Ms. sur vélin, en lettres rouges et noires, avec plain-chant, et initiales coloriées. A la fin on lit :
Questo libro ha scritto fra Paolo della Motta ad instantia della M. S Isabella Gribellata da Padoa. Nel anno 1571.

187 **Ordo** officii quando sorores debent solempniter ingredi monasterium. pet. in 4to, dem. rel.

Ms. du XVe siècle, sur vélin, avec plain-chant et initiales coloriées.

188 **Ordo** ad recipiendas moniales novicias ordinis Sancti Augustini. in 4to, rel. en bois.

Ms. sur papier, portant à la fin la date de 1483.

189 **Ordinarium** vitae religiosae. pet. in 4to, rel. en bois.

Ms. du XIVe siècle, sur vélin, avec initiales en couleur, et titres en rouge.

190 ORDO servandus in admittendis novitiis ad monasterium. — Ordo professionis fiendae per monacham in manu sacerdotis. pet. in fol. cart.

Ms. du XVe siècle, sur vélin, avec initiales en or et en couleurs, titres et rubriques en rouge. On lit à la fin: *Jo. Ant. Zaranius veronensis scripsit anno domini MDLXXXVII. die XV Martii.*

191 CONSTITUTIONES seu memoriale pauperum heremitarum Sancti Hieronymi, congregationis beati patris fratris quondam Petri de Pisis. in 8vo, veau.

Ms. du XVe siècle, sur papier.

192 CONSTITUTIONES Capituli Veronensis et suarum ecclesiarum. pet. in fol. cart.

Ms. du XVIIIe siècle sur papier. Copie faite sur les anciens mss. de la Cathédrale de Vérone. Il s'y trouve aussi la copie de plusieurs autres pièces rélatives aux chanoins de la même ville.

SCIENCES ET ARTS.

Philosophie, Metaphysique, Politique, Morale, etc.

193 ARISTOTELIS Ethica, GRAECE. in 4to, rel. en bois.

Ancien ms. probablement du XIIe siècle, avec initiales et titres en rouge. Il est d'une écriture fort nette et sur beau vélin.

194 ARISTOTELIS Ethicorum, LATINE, e versione Leonardi Aretini. pet. in fol. cart.

Ms. du XVe siècle, sur vélin, d'une belle écriture, et orné de lettres majuscules peintes en or et couleurs. Il vient de SAIBANTE, n.° 704.

195 PLATONIS de republica sive de justitia libri X latine. in fol. rel. en bois.

Ms. du XVe siècle, partie sur vélin et partie sur papier. Il commence par un prologue, en tête du quel se trouvent six vers, dont voici les premiers:

Postquam nulla libros concessa licentia nobis
Cernere politicos ciceronis lege notatos
Platonis speculemus opus . . . .
. . . .
Uberti de Cimbris de uiglieuano prologus in
Platone de Republica.

196 CICERONIS de Amicitia, de senectute, et paradoxa. in 4to, rel. en bois.

Ancien ms. sur papier.

197 CICERONIS Paradoxa, de Amicitia, de senectute. in 4to, rel. en bois.

Ms. sur papier, à la fin du quel on trouve la date 1494 *die 8 mensis martij.*

198 CICERONIS de officiis. in 4to, non rel.

Ancien ms. sur vélin, d'une écriture assez lisible.

199 CICERONIS de officiis. in 8vo, rel. en bois.

Ms. du XVe siècle, sur papier.

200 CICERO de amicitia. pet. in fol. dem. rel.

Ms. du XVe siècle, sur vélin, d'une écriture nette.

201 CICERONIS Tusculanae quaestiones. in fol. rel. en bois.

Ancien ms. sur papier, de la collection de SAIBANTE, n. 702.

202 BOETII De consolatione philosophiae. pet. in fol. non rel.

Ancien ms. sur vélin, avec majuscules en or et couleurs et le portrait de l'auteur. De la collection de SAIBANTE n. 371

203 BOETIUS. in 4to, non rel.

Ms. du XVe siècle, sur vélin, avec initiales en couleur. Il y manque deux feuillets dans le corp de l'ouvrage.

204 BOETIUS. pet. in fol. rel. en bois.

Ms. du XVe siècle, sur vélin, avec initiales en couleur. Il y manque le premier feuillet, et trois autres dans le corp de l'ouvrage. Il vient de SAIBANTE, n. 372.

205 LIBER cathegoricorum Boetii. pet. in 8vo, rel. en bois.

Beau ms. du XVe siècle, sur vélin. La première page est décorée d'un encadrement en or et couleurs, avec initiales et armoiries. Au milieu se voit une miniature représentant Mercure. L'écriture est très-nette et toutes les initiales sont en couleur rehaussées d'or. A la fin on trouve le nom de l'écrivain :

P. HIPPOLYTI LVNEN
SIS MANV.

206 **Logica** magistri Pauli ord. fratrum heremitarum. in 4to, rel. en bois.

Ms. du XVe siècle, sur papier, à deux colonnes, avec grandes lettres en rouge.

207 **Logica** mag. Pauli de Venecijs, et alia. in 4to, rel. en bois.

Ms. du XVe siècle, sur papier, à deux colonnes, avec initiales, titres et rubriques en rouge. On lit à la fin du premier traité :
Et sic est finis totius loyce mgri pauli de venecijs. Scriptum per me fr. Adam de wesalia . . . . Anno 1474.

208 **Dialectica** incerti auctoris. in 4to, rel. en bois.

Ms. du XVe siècle, sur vélin, à deux colonnes, avec initiales et rubriques en rouge.

209 **Logica** Albertina. pet. in 4to, rel. en bois.

Ancien ms. sur vélin, avec grandes lettres ornées. La première page est entourée d'arabesques en or et couleurs. On lit à la fin :
Et sic explicit clarissima loyca Albertina.

210 **Logicae** compendium Burlei, et varii tractatus Caietani de Thienis, et mag. Rodulphi Strocle. gr. in fol. non rel.

Ms. de l'année 1445, sur papier à deux colonnes.

211 **Liber** turbe philosophorum. — Rosa novella mag. Arnoldi de Villanova etc. in 8vo obl. cart.

Ms. du XVe siècle, sur papier, n.° 1024 de Saibante.

212 **Liber** qui dicitur turba philosophorum. in 4to, cart.

Ms. du XVe siècle, sur papier, provenant de Saibante n.° 1021.

213 **Anonymi** Philosophia. pet. in fol. cart.

Ms. d'une grande antiquité, sur vélin, avec initiales en couleur. Il commence sans aucun intitulé, et on lit à la fin :
Explicit philosophia.

214 **Cajetani de Tienis in libro de anima Aristotelis, et super octo libris physicorum. in 4to, rel. en bois.**

Ms. du XVe siècle, sur papier, avec lettres capitales en couleur. La note suivante est au *recto* du dern. f

Expliciunt recolecta mag. Gaietani de thienis de uincentia sup. octo libris physicorum transcripta per me fr. Phylippum ruffis de uerona et completa die 19 *decembris* 1474.

215 **Caietanus de Thienis in lib. de Anima. gr. in fol. rel. en bois.**

Ms. du XVe siècle, sur papier, à deux colonnes, avec trois grandes initiales ornées d'arabesques en or et en couleur. La note suivante est à la fin:

Finitus et completus . . . . . per manus cornelii filii Wilhelmi de mera . . . . Anno domini M . CCCC . *sexagesimo.*

216 **Pauli Veneti Expositio in libros posteriorum Aristotelis. in fol. rel. en bois.**

Ms. du XVe siècle, sur papier, à deux colonnes, avec initiales en rouge et bleu.

217 **Pauli veneti Expositio super libros posteriorum Aristotelis. in fol. rel. en bois.**

Ancien ms. sur papier, à deux colonnes. La première page est ornée d'une grande lettre et d'armoiries en or et couleur; n.° 836 de Saibante.

218 **Compendium moralis philosophiae compilatum per fr. Bartholomeum pisanum. in 4to, rel. en bois.**

Ms. du XVe siècle, sur vélin, avec initiales, titres et rubriques en rouge. Il s'y trouve relié à la fin un autre ms. de la fin du XVe siècle, sur papier:

Antonii Panormitae Epistolae et carmina.

219 **Liber de regimine principum editus a fratre Egidio romano. in 4to, rel. en bois.**

Beau ms. du XVe siècle, sur vélin, à deux colonnes, avec majuscules et titres en rouge et bleu. La première page est décorée d'un bel encadrement en or et couleurs, avec armoiries, et le portrait de l'auteur.

220 **Tractatus S. Thomae de Aquino de regno ad regem Cypri. — Ejusdem liber contra impugnantes religionem. pet. in 4to, rel. en bois.**

Beau ms. du XVe siècle, sur vélin, à deux colonnes. La première page et les lettres capitales sont richement enluminées. On lit a la fin de chaque traité:

Scriptus fuit de industria fratris Antonii de Brixia ordinis predicatorum.

221 Dominici Cyllenii graeci politicorum opusculum. in 4to, parch.

Ms. du XVIe siècle, sur papier. Cet ouvrage inédit est adressé par l'auteur à *Alberto Lavezola* véronais, poète et auteur de notes sur l'*Orlando furioso*. Ce ms. d'une écriture singulière paraît autographe, et vient de Saibante, n.° 711.

222 Gasparis Contareni Reipublicae venetae Institutio. in 4to, parch.

Ms. du XVe siècle, sur papier. N.° 282 de Saibante.

223 Leonardi Aretini de litteris et studiis. Ejusdem Isagogicon moralis disciplinae ad Galeottum Richasulanum. in 4to, rel. en bois.

Ms. du XVe siècle, sur vélin, d'une écriture remarquablement nette.

224 Plutarchi liber de liberis educandis, Guarino veronensi interprete. in 4to, cart.

Ms. du XVe siècle, sur vélin.

225 Guarini veronensis ex Plutarco de liberis educandis. in 4to, non rel.

Ms. du XVe siècle, sur papier.

226 Excerpta et varia, collectio sententiarum. in 4to, parch.

Ms. du XVe siècle, sur papier, provenant de Saibante, n.° 650.

227 Antonii Gazae Alexandrini Sententiae per ordinem alphabeti. in fol. cart.

Ms. sur papier de l'anné 1661, et probablement autographe. N.° 601 de Saibante.

228 Leonardi de Nogarolis de rerum quiditatibus, de immortalitate animae et oratio ad Vincentinos pro omnibono. in fol. rel. en bois.

Ms. autographe du XVe siècle, sur papier. Il est mentionné par Maffei (*parte seconda, col.* 97). Ces ouvrages sont inédits.

229 De nobilitate liber. — Seneca de remediis fortuitorum. — Tractatus Beati Ambrosii de honestis moribus. — Cerimoniae servandae in coronatione dni pape qui jam est episcopus consecratus. in 4to, parch.

Ms. du XVe siècle, sur papier.

230 LIBER de cupiditate compilatus per venerabilem fratrem Johannem de Capistrano. in 4to, cart.

Ms. du XVe siècle, sur papier, n.° 514 de SAIBANTE.

231 FLAMINII Nobilii de vera et falsa voluptate. — Ejusdem liber de honore. in 4to, cart. couvert de velours.

Ms. du XVIe siècle, sur papier, et probablement autographe.

232 AENEAE SOPHISTAE Dialogus qui Theophrastus inscribitur, etc. in 4to, rel. en bois.

Ancien ms. sur papier. Il contient encore:
Jo Chrisostomi ad Stagirium monachum libri tres de prudentia, de animi felicitate et de tranquillitate.
Ejusdem quod nemo potest ledi nisi a se ipso.

233 INNOCENTII papae tertii Liber de contemptu mundi. in 8vo non rel.

Ms. du XVe siècle, sur vélin, avec titres et majuscules en rouge.

234 De virtutibus et viciis. in 4to, non rel.

Ms. du XIIIe siècle, sur vélin, à deux colonnes, avec initiales en rouge.

235 SUMMA de viciis. in 4to, parch.

Ms. du XVe siècle, sur vélin, à deux colonnes, d'une écriture fine, nette et regulière, avec titres en rouge, et lettres capitales ornées en rouge et bleu. Il y manque un feuillet au commencement.

236 SUMMA vitiorum. pet. in fol. rel. en bois.

Ms. du XVe siècle, sur vélin, à deux colonnes, avec initiales, titres et rubriques en rouge et bleu, d'une belle exécution.

237 SUMMA de virtutibus. in 4to, rel. en bois.

Ms. du XIVe siècle, sur vélin, à deux colonnes, d'une belle exécution, avec majuscules ornées en couleur.

238 **Summa** collectionum a magistro Johanne Galenti de Walia. in 4to, rel. en bois.

Ancien ms. sur vélin, avec capitales, titres et rubriques en rouge et bleu, grandes lettres et encadremens en or et couleur.

239 **Leonardi Aretini** Isagocicon moralis disciplinae ad Galeottum Ricasolanum. Hieronymus ad Colantiam ne etiam religionis causa uxor virum dimittat. in 8vo, rel. en bois.

Ms. du XVe siècle, sur papier.

240 **Francisci Barbaro** ad Laurentium de Medicis de re uxoria. in 4to non rel.

Ms. du XVe siècle, sur papier, avec initiales en couleur.

241 **Tractatus** de ornamentis. in 8vo, non rel.

Ms. du XVe siècle, sur vélin.

242 **Petri Pauli Vergerii** de ingenuis moribus et liberalibus studiis. in 8vo, rel. en bois.

Ms. du XVe siècle, sur vélin.

243 **Petri Pauli Vergerii** de ingenuis moribus et liberalibus studiis. in 4to, non rel.

Ms. du XVe siècle, sur papier.

Physique, Chimie, Histoire naturelle, etc.

244 **Aristotelis** Libri de generatione et corruptione, GRAECE, cum commentariis graecis Nicolai Cursulae Zacyntii. in 4to, cart.

Ms. de la fin du XVIe siècle, sur papier. MAFFEI en fait mention au n.° 76 des mss. grecs de SAIBANTE.

245 **Aristotelis** de coelo, GRAECE. in 4to, cart.

Ms. de la fin du XVIe siècle, sur papier.

246 **Aristotelis** Declaratio litteralis GRAECE et LATINE. — Hippocratis de aere, aquis et locis, et alia, GRAECE et LATINE. in fol. parch.

Ms. sur papier, provenant de la collection de SAIBANTE N.° 1050. Au *recto* du premier feuillet on lit la date: *Die* 28 *Julii* M . D . xxxiij .

247 QUESTIONES in librum methaurorum Aristotelis collectae a magistro Blaxio de Pelacanis de Parma. in fol. rel. en bois.

Ms. sur papier à deux colonnes. Il porte à la fin la date: *Padue* MCCClxxxxviiij (1399) *die* xxvij *Septembris*.

248 JAC. ZABARELLAE In octavum librum physicorum Aristotelis commentaria. in 4to, parch.

Ms. de l'année 1585, sur papier.

249 OCELLUS Lucanus de universi natura, GRAECE et LATINE Ludovico Nogarola interprete; accedit ejusdem Nogarolae Epistola Adamo Fumano super viris illustribus genere italis, qui graece scripserunt. in 4to, non rel.

Ms. autographe, sur papier, daté XXI Novembr. 1557.

250 L. AN. SENECAE Capitula de naturis. in fol. dem. rel.

Ms. du XVe siècle, sur papier, à deux colonnes, avec majuscules enluminées. A la fin est ajouté:
Philogenia comoedia domini Ugolini de Parma.
Poggii florentini Questio pulchra etc.

251 LIBER de virtutibus erbarum compilatus per magistrum Rufinum de dictis summorum philosophorum Diascoridis, Macri, Alexandri, Salerni et Ysaac, et quamplurium aliorum doctorum. in fol. rel. en bois.

Ancien ms. sur vélin, à deux colonnes, avec grandes lettres ornées d'arabesques en couleur, d'une belle exécution. N° 830 de SAIBANTE.

252 LIBER aureus de quinta essentia Raymondi ordinis Sancti Francisci. in 4to, bas.

Ms. du XVe siècle, sur papier.

253 LIBER de consideratione quinte essentie omnium rerum transmutabilium. in 4to, rel. en bois.

Ms. partie sur papier et partie sur vélin, avec initiales en rouge. A la fin de ce traité on lit: *Cornelius boscarinus de almania scripsit* 1471 22 *martij*.
Suit un autre traité avec le titre: *Liber raimundi ad amicum suum*.

254 COMMENTUM Burlei super artem veterem. gr. in fol. rel. en bois.

Ms. du XVe siècle, sur papier, à deux colonnes, avec grandes lettres ornées d'arabesques en or et en couleurs, et armoiries sur la première page.

255 DE LAPIDE philosophorum. in fol. cart.

Ms. du XVIe siècle, sur papier, avec figures dessinées à la plume et coloriées, fort singulières. Il commence avec l'intitulé suivant:
Liber intitulatus preciosum Dei donum.
Ce ms. porte sur la couverture le N.° 1000 de SAIBANTE.

256 TESTAMENTUM Hadrianeum de auro philosophorum lapide. in 4to, cart.

Ms. du XVIe siècle, sur papier. Quoique l'intitulé soit en latin l'ouvrage est écrit en langue italienne. N.° 1022 de SAIBANTE.

257 INCERTI Authoris Chrisopeia, chimica et alia plura. in fol. cart.

Ms. sur papier du XVIIe siècle, n.° 1003 de la collection SAIBANTE.

258 PAULI veneti Liber phisicorum, et liber de anima. in 4to, rel. en bois.

Ms. du XVe siècle, sur papier, à deux colonnes, date à la fin de 1476.

259 PAULI veneti in physicam naturalem compendium. in fol. bas.

Ancien ms. sur papier, à deux colonnes, avec initiales enluminées. La première page est ornée d'un encadrement, d'une grande lettre et d'armoiries peintes en or et couleurs.

260 DE ALCHEMIA Expositio librorum Gebri et Raimundi Lullii. in fol. cart.

Ms. du XVIIe siècle, sur papier. Quoique l'intitulé soit en latin, l'ouvrage entier est écrit en langue italienne.

261 JOHANNIS MICHAELIS ALBERTI Carrariensis ad praestantissimum Principem Bonifacium Marchionem Montisferrati de constitutione mundi. in fol. parch.

Ms. autographe du XVe siècle, sur papier à deux colonnes.

262 TRACTATUS de coelo et mundo Anonymi. in fol. rel. en bois.

Ancien ms. sur papier, à deux colonnes, avec titres et lettres capitales en rouge. La première page est décorée d'un bel encadrement avec arabesques, fleurs et armoiries en or et en couleurs, et d'une grande lettre dans la quelle est peint le portrait de l'auteur.

263 DESSINS representant des serpents, quadrupèdes, oiseaux, poissons, cétacées, monstres etc. par Abraam Joel de Conegliano. 3 vol. in fol. cart.

Ms. autographe. Sur le premier f. du 3e vol. se trouve la signature: *Abrahami Joelis de Coniglaniis M. D. Cenetensis.* Ces dessins artistement faits à la plume sont accompagnés d'une description latine. Ouvrage inédit, et inconnu.

Astronomie.

264 CLAUDII Ptolemaei expediti Canones, GRAECE. in fol. veau.

Beau ms. du XVe siècle, sur papier, avec initiales et titres en rouge. Il est d'une écriture remarquablement nette et très-bien conservé. Il porte le n.° 41 en rouge de la collection de SAIBANTE.

265 ALBUMASAR libri convictionum. in fol. rel. en bois.

Ancien ms. sur vélin, avec titres et initiales en rouge et bleu. On lit à la fin:
Completus est lib. convictionum ex dictis Albumasar jahfar filii Macometti etc.

266 AD TABULAM quadripartiti Ptolemaei Explanationes et commentationes, accedit capitulum de dominio anni. in 4to cart.

Ancien ms. sur papier.

267 SUMMA de astris compilata et scripta ex dictis Ptolomaei, Albumasar, Alfragani, Alcabicij, Oamar, Zahel et Masala. in 4to, rel. en bois.

Ancien ms. sur papier, avec initiales rouges, et fig. dessinées à la plume.

268 TRACTATUS varii astronomici et astrologici. in 8vo, bas.

Ms du XVe siècle sur papier. Il contient entre autres traités:

Flores Hermetis.
Declaratio nominum astrologorum.
Liber centum verborum Ptolomei.
Liber Almasoris.
Zachs precepta, etc.

269 **Tractatus** varii astronomici et philosophici. in 4to. parch.

Ms. d'une grande antiquité, sur vélin, de différentes écritures, avec initiales en couleur, et figures dessinées à la plume.

270 **Tractatus** varii astronomici. pet. in fol. cart.

Ms. du XIVe siècle, sur vélin, de différentes écritures, avec fig. dessinées à la plume. Il contient entre autres traités:
Expositio theorice planetarum edita ab inclito magistro Thadeo de Parma et completa in 1318.
Canones tabularum Alphonsi olim regis Castelle.
Tabulae astronomicae ejusdem Alphonsi.
Novus spere tractatus compositus a domino Andalo de Nigro de Janua, etc.

271 **Tractatus** varii astronomici, et alia. in fol. cart.

Ms. du XVe siècle, sur papier. Il contient entre autres traités:
Anonimi carmina de aspectibus lunae ad Planetas.
Beldomandi Tractatus proportionum quantum ad musicam ex tabula calculatoria.
Joannis de Liveriis siculi de minutiis vulgaribus.
Maximiliani Transilvani de Moluccis insulis atque aliis pluribus mirandis etc.
Cette dernière partie est d'une écriture différente du XVIe siècle.
Le traité sur la musique de Prosdocimus de Beldemandis de Padoue reste inédit et inconnu.

272 **Tractatus** varii astronomici. in 4to cart.

Ms. du XVe siècle, sur papier de différentes écritures, avec figures dessinées à la plume, et autres gravées sur bois et collées sur les feuillets.

273 **Libellus** Spherae Jo. de Sacrobusco. — Liber Messahallah de eclipsi lunae. — Theorica planetarum edita a m. Campano de civitate Novariae. — Prosdocimi de Beldomandis Tractatus ad calculandum. — Hippocrates de luna et signis, etc. in 4to rel. en bois.

Ms. du XVe siècle, sur papier. Il contient encore plusieurs autres traités d'astronomie et mathématique, le dernier desquels finit avec cette note:

Explicit tractat. de accessu et recessu motus octavae sperae per dominum Nicolaum comitem de comitibus, confectus directus magnifico domino Malatestae de Malatestis.

274 De anni revolutione Tractatus. 2 vol. pet. in fol. obl. cart.

Ms. sur papier du XVIIe siècle. Il contient encore autres traités d'astronomie et d'astrologie.

275 Tractatus varii philosophici et astronomici. in fol. parch.

Ms. du XVe siècle, sur vélin, à deux colonnes, d'une belle exécution, avec plusieurs lettres capitales ornées d'arabesques en or et couleurs. Voici la liste des divers ouvrages qu'il contient :

1 *Questio contra astrologiae iudicia Nicolai Oresme.*
2 *Quolibeta eiusdem.*
3 *Tractatus contra astrologos Henrici de Hassia.*
4 *Tractatus contra astrologos Nic. Oresme.*
5 *De reductione effectuum in suas causas Henrici de Hassia.*
6 *De configuracione qualitatum N. Oresme.*
7 *Tractatus de magnete.*
8 *Tractatus de monetarum mutacione Nic. Oresme.*
9 *De ductu aquarum plurimarum dans ingenia subtilia.*
10 *De habitudine causarum H. de Hassia.*
11 *De commensurabilitate motuum celestium.*
12 *Algorismus proportionum N. Oresme.*

276 Tractatus varii astronomici, astrologici, et mathematici. in 4to rel. en bois.

Ancien ms. sur vélin, à deux colonnes, avec fig. dessinées à la plume. Il contient entre autres traités :
Anonimi Tabulae astronomicae.
Commentaria in quaedam verba Hermetis de natura dierum.
Azzachel varia opuscula astronomica, astrologica et chronologica.

277 Anonymi Tractatus astronomicus. in 4to, cart.

Ancien ms. sur vélin, à deux colonnes, avec fig., incomplet au commencement.

278 Tabulae astronomicae, et canones tabularum regis Alphonsi. in fol. rel. en bois.

Ms. du XIVe siècle, sur vélin, en caractères de trois couleurs, rouge, vert et noir. A la fin des tables on lit :
Expliciunt tabule Illustris principis Alfoncij olym Regis Castelle finite et complete per manus Petri de Polonia Anno incarnacionis dni millmo Trecentesimo sexagesimo septimo.
Et à la fin du volume :
Expliciunt canones Tabularum Illustris Regis Alfoncij quos Reuerendus mgr. Johes danekow de Saxonia compilavit.

279 TRACTATUS spherae Joannis de sacro busco anglici. — Liber theoricae planetarum compilatus a Joanne Jspalensi. in 4to rel. en bois.

Ms. du XVe siècle, sur papier.

280 ALGORISMUS. — Tractatus de sphera Jo. de sacro bosco. — Ejusdem Compotus. — Tractatus quadrantis. — Tractatus astrolabii. in 4to, cart.

Ms. du XVe siècle, sur vélin, d'une belle exécution, avec lettres tourneures, et figures dessinées à la plume et coloriées, N° 874 de SAIBANTE.

281 TRACTATUS astrologicus. — Lectiones mag. Jacobi Galesse in propositiones falsas mag. Barth. de Valentia de dierum equationibus. — Judicium anni 1470. in 4to, cart.

Ms. du XVe siècle, sur papier. On lit à la fin du premier traité:
Scriptus per me presbiterum Jo. Ant. Mathei de sancto stephano nomine et vice magnifici ac potentis domini d. Ludovici de campo fregoso . . . . . 1467.

282 PROSDOCIMI de Beldemandis Patavi, compositio astrolabii. in fol. cart.

Ms. du XVe siècle, sur papier, avec fig. dessinées à la plume.

283 LECTIONES Zabarellae in quartum librum meteor. Aristotelis. in 4to, parch.

Ms. de 1586, sur papier, de la main d'*Andreas Chioccus* médecin de Vérone.

284 THEORICA planetarum composita a domino And. de Nigro de Janua. in fol. cart.

Ms du XVe siècle, sur vélin, avec initiales et rubriques en rouge.

285 CANONES tabularum Johannis de Blanchinis. in fol. rel. en bois.

Ms. du XVe siècle, sur vélin, à deux colonnes. Les tables dont ce volume est composé sont en rouge et noir. N.° 862 de SAIBANTE.

Médecine.

286 **Dioscoridis Anazarbaei opera graece. in fol., parch.**

Ancien ms. sur papier, avec titres et initiales en rouge. Il vient de la collection Saibants, et il est mentionné par Maffei sous le n° 56. Il y manque quelques feuillets à la fin et 6 autres dans le corp de l'ouvrage.

287 **Almansoris Nonus liber. — Tractatus de urinis mag. Alberti de monte pessulano. — Summa mag. Girardi phisici. — Compendium Salerni. — Avicennae de fracturis. — Tadeus de lepra etc. in fol. rel. en bois.**

Ms. sur papier, à deux colonnes, exécuté en 1412.

288 **Jo. Mesue Antidotarium et de consolatione medicinarum simplicium. in fol. non rel.**

Ancien ms. sur vélin, avec initiales et ornemens en or et couleur. Le premier traité *Antidotarium* est complet, mais il y manque quelques feuillets dans le reste du volume.

289 **Gentilis de Fulgineo Expositio super Fen canonis Avicennae. — Jacobi de Forlivio de generatione embrionis. gr. in fol. non rel.**

Ms. sur papier, à deux colonnes, exécuté en 1462.

290 **Glosule magistri cardinalis de monte pessolano super Aphorismos Hyppocratis. in fol. rel. en bois.**

Très-ancien ms. sur vélin, à deux colonnes.

291 **Liber isagoge ad tegni Galieni. — Liber aphorismorum Hippocratis. — Liber Philareti de pulsibus. — Liber prognosticorum. pet. in 4to, rel. en bois.**

Ancien ms. sur vélin, avec initiales en couleur. Le premier et le dernier traités sont incomplets.

292 **Tractatus Raynaldi de Villanova de omnibus egritudinibus a capite usque ad pedes. — Regimen amphoristicum Arnoldi de Villanova conferens memorie. in 4to, rel. en bois.**

Ms. sur papier date: 1487 *in Verona.*

293 **Tacuinus** sanitatis cum additionibus Jo. de sancto Amando. gr. in fol. non rel.

Ms. sur papier, à la fin du quel on lit:
Expliciunt dicti tacuini cum additionibus, scripta Padue anno dni 1464.

294 **Gilibertina**, sive magistri Giliberti Anglici de medicina. gr. in fol. rel. en bois.

Ms. sur vélin, d'une grande antiquité, à deux colonnes, avec initiales figurées en or et couleur. La dernière page est effacée.

295 **Tractatus** de medicinis, anonymi. — Thesaurus pauperum. — Tractatus de sirupis digerentibus humores. in fol. non rel.

Ms. sur papier, à deux colonnes, exécuté en 1375.

296 **Vocabularium** medicum magistri Petri Veronensis de Sacco. gr. in fol. rel. en bois.

Ms. sur papier d'une belle exécution, et avec un grand nombre de lettres capitales ornées de fleurs en or et en couleur. C'est le n.° 822 de la collection Saibants, et il est mentionné par Maffei (*parte* 2, *col.* 128) qui a copiée la note suivante, la quelle se trouve à la fin de ce ms.
Et sic est finis huius operis finiti completi ac scripti per me magistrum Johannem Gherinx alias de Diest sub anno 1442 . . . . . .

297 **Tractatus** medici varii. pet. in 4to, rel. en bois.

Très-ancien ms. sur vélin, avec initiales colorées assez grossières. N.° 738 de Saibante.

298 **Benvenuti Grafei** de morbis oculorum. in 4to, rel. en bois.

Ancien ms. sur papier, à deux colonnes.

299 **De dispositionibus** oculorum, tractatus anonymi. gr. in fol. non rel.

Ms. du XVe siècle sur papier, avec initiales en couleur.

300 **Morgagni** Opera postuma. 6 vol. in fol. cart.

Ms. autographe, sur papier. A la fin du volume dernier se trouvent les mémoires de la vie de l'auteur, le tout écrit de sa main.

301 **Morgagni** de sedibus et causis morborum. 2 vol. in fol. cart.

Ms. sur papier, autographe.

301 (*bis*) **Morgagni** Adversaria anatomica. in fol. cart.

Ms. sur papier, autographe.

301 (*ter*) **Morgagni** Epistolae anatomicae. in fol. cart.

Ms. sur papier, autographe.

302 **Tractatus** de chirurgia anonymi. gr. in fol. rel. en bois.

Ms. d'une grande antiquité, sur vélin, à deux colonnes.

303 **Pharmacopea**, alphabetice. in fol. rel. en bois.

Ancien ms. sur vélin, à deux colonnes, avec grandes lettres ornées en couleur d'une belle exécution. Il y manque le premier feuillet.

304 **Jordani Ruffi** de creatione et natione equi, de captione et domatione ipsius, de custodia et doctrina, de cognitione pulchritudinis corporis et membror. fractione de infirmitatibus et medicinis. in 4to parch.

Ms. du XVIe siècle, sur vélin, d'une écriture très-nette.

305 **Summa** d. Jordani Ruffi super arte mascalciae equorum. in 4to, cart.

Ms. du XVe siècle sur papier, de la collection Saibante.

306 **Statuta** sacri collegii Medicorum Veronae. in fol. cart.

Ms. sur papier, daté : *Die 2 Maji 1580 Approbata et confirmata fuerunt.*

Mathématiques et Sciences qui en dépendent.

307 **Euclidis** Elementa, GRAECE. in 4to rel. en bois.

Ms. sur papier d'une grande antiquité, avec titres et initiales en rouge. Il provient de la collection Saibante, et porte le n.° 39 en rouge au dos de la reliure.

308 NICOMACHI GERASENI Arithmeticae introductionis libri Bartholomeo Zamberto veneto interprete. in 4to cart.

Ms. sur papier, portant à la fin la date de 1536. Il est probablement de la main de BARTOL. ZAMBERTI, auteur de l'*Isolario*, connu sous le nom de BARTOL. DALLI SONETTI.

309 ANONYMI Mathematica et astronomia. in fol. rel. en bois.

Ancien ms. sur papier à deux colonnes, avec fig. On lit à la fin:
Explicit expositio sup. canonibus tabularum.

310 RERUM maechanicarum brevissima tractatio R. P. Casasatae Soc. Jesu anno 1654. — Brevis tractatus de horologiis. — Horographia seu horologiorum epitome. pet. in 4to, parch.

Ms. sur papier rempli de dessins faits à la plume. De la collection SAIBANTE.

311 OBSCURA M. Vitruvii Pollionis verba italice reddita. pet. in 4to, cart.

Ms. du XVIIe siècle, sur papier.

312 ARISTIDIS QUINTILIANI de Musica libri tres, GRAECE. in 4to, parch.

Ms. de la fin du XVe siècle, sur papier, d'une écriture nette.

BELLES LETTRES.

Grammaire.

313 NICEPHORI praesbiteri varia opera dialectica, GRAECE. in fol. cart.

Ms. du XVe siècle, sur papier.

314 THEODORI GAZAE Grammatica graeca etc. in 4to, vél.

Ms. de la fin du XVe siècle, sur papier. Il contient plusieurs autres traités de rhétorique en grec de différents auteurs.

315 GRAMMATICA graeca. in 4to, cart.

Ms. de la fin du XVIe siècle, sur papier.

316 Lexicon graeco latinum. pet. in fol. dem. rel.

Ms. de l'année 1441, sur vélin, avec initiale en or et en couleurs. Il est d'une écriture fine et nette. Au *recto* du dernier feuillet on lit:
Deo gratias Florentiae 1441 *die* 13 *septebris.*
. F . Christophorvs Benna.

317 Donati Libellus de octo partibus orationis artis gramaticae. in 4to, dem. rel.

Beau ms. sur vélin, avec titres rouges et initiales coloriées. La première page est ornée d'une bordure avec fleurs en or et en couleurs, et de deux miniatures, l'une representant l'auteur, et l'autre un écolier.

318 Summa gramatice Magistri Petri d'Isolela cremonensis. in 4to, rel. en bois.

Ancien ms. sur vélin. Il est orné des grandes lettres, titres et rubriques en couleur, et porte le n.° 799 de Saibante.

319 Mag. Petri de Assillo Regulae grammaticales. in 4to, rel. en bois.

Ms. du XVe siècle, partie sur vélin, et partie sur papier, avec lettres initiales peintes en or et couleur. Il est daté de 1434.

320 Gramatica latina incerti auctoris. in 4to, rel. en bois.

Ancien ms. sur vélin, avec initiales ornées en couleur. Il commence sans aucun intitulé:
Qvoniam in ante
expositis libris de partibus orationis etc.
Il porte le n.° 810 de Saibante.

321 Gramatica latina incerti auctoris. in 8vo, rel. en bois.

Ancien ms. sur vélin, avec la première lettre ornée d'arabesques en or et couleur, et autres initiales enluminées.

322 Gramatica latina incerti auctoris. in 4to, non rel.

Ancien ms. sur vélin, avec initiales coloriées, provenant de Saibante, n.° 813.

323 Gramatica latina anonimi. in 4to obl. rel. en bois.

Ms. sur papier, en lettres rouges et noires. Au bas de la première page sont peintes des armoiries. Il commence avec une majuscule en or et couleur:
Esse velis cuius dicas inculte liber
Munus et Aetneo perpoliare ing.

On trouve au *recto* du dernier feuillet:
DEO GRATIAS.
Τέλος
die XXIIIJ *Januarij* 1474.

324 ALEXANDRI DE VILLADEI Doctrinale. in fol. rel. en bois.

Ms. du XVe siècle. sur vélin, avec initiales coloriées. Il commence avec une grande lettre ornée en or et en couleurs dans la quelle est peint le portrait de l'auteur.

325 ALEXANDRI DE VILLADEI Doctrinale. in fol. rel. en bois.

Ms. du XVe siècle, sur vélin très-bien exécuté. La première page est ornée d'une bordure en or et couleur, et d'une grande capitale au milieu de la quelle est peint le portrait de l'auteur. Au commencement de la seconde partie est une autre capitale avec arabesques en or et couleur.

326 ALEXANDRI GALLI, vulgo de Villadei Doctrinale. in fol. rel. en bois.

Ms. sur vélin, du XVe siècle, avec initiales ornées en couleur, et quelques apostilles sur les marges.

327 POMPEI Festi de verborum significatione. in fol. rel. en bois.

Ms. du XVe siècle sur papier, avec initiales en couleur.

328 FESTI Pompeij vocabula foeliciter incipiunt. — Donati grammatici honorati de accentibus libellus incipit. — Prisciani de accentibus. — M. Terentii Varronis de lingua latina, de disciplina originum verborum ad M. Tullium Ciceronem. in 4to, rel. en bois.

Ms. sur papier, de la collection SAIBANTE. Sur le dernier feuillet on lit: *Ego Joannes Andreas Valentus calcem huic varoni de lingua latina imposui dum Veronae ad ludum pergerem tertio Nonas decembres* 1400.

329 S. ISIDORI hispalensis Etymologiarum libri XX. in fol. dem. rel.

Superbe ms. à deux colonnes qui parait avoir été exécuté vers la fin du XIII siècle. Il est orné de plusieurs lettres capitales, en or et en couleur, avec miniatures, et d'un grand nombre de petites majuscules également coloriées. Ce ms. est parfaitement conservé.

330 S. ISYDORI archiepiscopi yspalensis Synonima. in 4to, rel. en bois.

Ancien ms. sur papier, avec titres et initiales en rouge. Suit un autre traité sans aucun intitulé, le quel commence:

In nomine domini amen:
de Sapientia c. 1.

331 **Antonii Gazae Dictionarium syllabatum, cum italica enucleatione. in fol. non rel.**

Ms. du XVIIe siècle, sur papier, et probablement autographe. Cet ouvrage devait être imprimé à Vérone en 1652, mais on n'a imprimé que le premier feuillet, le quel est ici joint au ms.

332 **Dictionnarium Virgilii. in 4to, non rel.**

Ms. du XVe siècle, sur vélin d'une belle écriture, avec initiales coloriées La première lettre est peinte en or et couleurs. C'est un dictionnaire par alphabet de mots tirés des ouvrages de Virgile, avec les citations, et les derivations des mots grecs.

333 **Dictionarium latinum et gallicum. in fol. peau de truie.**

Ms. d'une grande antiquité, sur papier, à deux colonnes, avec initiales et bout de lignes en rouge. Chaque mot latin est accompagné de l'interpretation française.

On lit au *recto* du dernier feuillet:

Explicit catholicon et dd catholicon a catha quod est universale et ycos quod est scientia quasi universalis sciencia

Et après:

Scriptor qui scripsit cum xpo vivere possit
Detur pro pena scriptoris pulcra puella.

Rhéteurs et Orateurs.

334 **Summa super Rethoricas Aristotelis compilata per fratrem Guidonem Ariminensem. in 4to, rel. en bois.**

Beau ms. du XVe siècle, sur vélin, avec grandes lettres ornées en or et en couleur. La première renferme le portrait de l'auteur en miniature. On lit à la fin:

Explicit summa rethorice aristotelis compilata per fratrem guidonem Ariminensem ordinis predicatorum quondam lectorem bononiensem.

335 **Ciceronis Rhetoricorum ad Herennium libri IV. in fol. dem. rel.**

Superbe ms. sur vélin, avec initiales enluminées. La première page est decorée d'un bel encadrement en or et couleurs, au bas du quel sont peintes des armoiries.

336 **Ciceronis Rhetoricorum ad Herennium et Paradoxa. in 4to, rel. en bois.**

Ancien ms. sur vélin, avec grandes lettres, titres et rubriques en couleur, et plusieurs notes sur les marges.

337 **Ciceronis Rhetorica ad Herennium. in 8vo, cart.**

Ancien ms. sur papier, à deux colonnes, avec initiales et titre en rouge.

338 **Trapezuntii Rhetoricorum libri V. in fol. rel. en bois.**

Ms. du XVe siècle, sur papier. Il est decoré de belles lettres initiales en or et en couleurs. Il porte le n.° 701 de la collection de Saibante.

339 **Pomerium recthorice per mag. Bilichinum de Spello. pet. in fol. cart.**

Beau ms. sur vélin. Il est decoré de plusieurs grandes lettres ornées d'arabesques en or et en couleurs, d'une belle exécution. On lit à la fin la note suivante:
Explicit Pomerium Recthorice compositum per magrm Bilichinum de Spello cum erat in studio paduano precibus et instantia quorundam exaudiri dignorum. Sub anno millesimo trecentessimo quarto. tempore dni Benedicti de teruixio pape.

340 **Commentum in Priscianum. in 4to, rel. en bois.**

Ms. sur vélin, du XVe siècle, à deux colonnes. Le M.is de Gianfilippi a noté de sa main sur le dos du volume que ce commentaire est de *Martino Rizzoni* de Vérone. V. Maffei, *parte seconda, col.* 278.

341 **Ciceronis de claris oratoribus. in 4to, cart.**

Ancien ms. sur vélin, avec initiales en couleur. Les derniers feuillets sont avariés.

342 **Ciceronis de Oratore ad Quintum fratrem. in 4to, dem. rel.**

Ms. du XVe siècle sur papier, avec initiales en couleur.

343 **Ciceronis de Oratore ad Quintum fratrem de optimo genere dicendi, et Brutus. pet. in fol. non rel.**

Ancien ms. sur vélin, avec lettres initiales peintes et ornées d'arabesques en or et en couleurs. L'écriture est nette, et à la fin on trouve la note suivante:
Ex emendatissimo codice Johannis Lamde bon viri eruditissimi transcripsit hunc Alesius germanus, et ad eundem postea emendatus est.
Il porte le n.° 771 de Saibante.

344 CICERONIS Orationes. in fol. non rel.

Fragment d'un ms. sur vélin qui dévait contenir toutes les orations de Ciceron. Il s'y trouve en entier celles *Pro Milone, pro Planco, pro Quintio*, et parties de celles *pro Pisone et pro Flacco*. Il est décoré de belles lettres initiales en or et couleurs.

345 CICERONIS Oratio pro Archia poeta. — Oratio pro Marcello. — Oratio pro Q. Ligario. — Opusculum vel epistola de regimine proconsulatus ad Q. fratrem. in 4to, non rel.

Ms. sur papier d'une grande antiquité.

346 CICERONIS Oratio pro Ligario, pro Dejotaro, pro Marcello, contra Catilinam (quatuor), Invectiva Sallustii in Ciceronem, Ciceronis Invectiva in Sallustium, De fato, et Tusculanae quaestiones. in 4to, rel. en bois.

Ms. du XVe siècle, sur papier. A la fin du traité De fato on lit:
Arbi scriptum 1424, xxvj *Maii*.

347 CICERONIS Philippicorum libri XII. in fol. dem. rel.

Beau et ancien ms. sur vélin, avec titres rouges, et lettres initiales ornées en or et couleur.

348 QUINTI ASCONII PEDIANI Explicationes in aliquas orationes Ciceronis. — Antonii Lusci in Ciceronis orationibus Artis inquisitio. — Pogius florentinus in Laurentium Vallam. — Laurentius Valla in Pogium florentinum. in fol. rel. en bois.

Ms. du XVe siècle, sur papier, avec une grande initiale ornée d'arabesques en or et couleur.

349 ANTONII LUSCI Vincentini ill.mi Ducis Mediolani Secretarii ad optimum virum Astolphinum de Marinonibus in Ciceronis orationibus Artis Inquisitio. in fol. rel. en bois.

Ms. du XVe siècle, sur papier, à deux colonnes. Il porte sur la couverture le n.° 607 en rouge de la collection de SAIBANTE.

350 IN PARTITIONES Ciceronis Valerii Palermi annotationes. in 4to, cart.

Ms. autographe d'un ouvrage inédit, dont il est question dans MAFFEI, *Verona ill. par.* 2. *col.* 246. L'auteur vivait dans le XVIe siècle. Ce ms. sur papier vient de SAIBANTE n.° 791.

351 **Magistri Guidonis** Concionandi modus et Arenge. in fol. non rel.

Deux ms. du XVe siècle, le premier est sur vélin, l'autre sur papier.

Poésie.

352 **Historia** Troiana idiomate GRAECO-VULGARI. — Poema de casu Belisarii, idiomate GRAECO-VULGARI, etc. in 4to, cart.

Ancien ms. sur papier, en beaux caractères, avec titres et initiales en rouge. Il provient de la collection Saibante, et il est le même qui se trouve ainsi indiqué dans la note de Maffei : 72. 73. 74. *Vita d'Alessandro, Istoria di Troia, Dialogo in greco volgare.* Les deux premiers ouvrages sont écrits en lettres grecques. Le troisième, qui est incomplet au commencement et à la fin, est un fragment d'une tragedie, dont les interlocuteurs sont Carlos, Ubaldos, Goffredo, Rinaldo, Armida, etc. Il est en grec-vulgaire, écrit en lettres italiques.

353 **Aesopi** vita a Maximo Planude, GRAECE. in 4to, non rel.

Ms. sur papier. On lit la note suivante sur la garde en vélin qui se trouve à la fin du volume.

Marcus Ant. filius nob. viri dni Joannis de Zuchis civis patritiiq. veronensis Paulo Grammatico digniss. praeceptori suo Aesopi vitam die X. mensis Februarii M. D. quarto exaratam feliciter castigandam mittit.

Il s'y trouve relié au commencement du volume l'opuscule suivant :

DEMETRII MOSCHI RAPTUS ELENAE GRAECE ET LATINE PONTICO VIRUNIO INTERPRETE. *Rhegii Lingobardiae presbiter Dionysius impressit.* in 4to.

« Ce volume imprimé dans les premières années du XVIe « siècle est tellement rare que l'on n'en connaît guère que « deux exemp. complets, celui ci et un autre à la Bibliothè- « que Brera à Milan » *Renouard.*

Un autre exemp. s'est vendu 25 liv. sterl. Bibl. Heber. par. I, n.° 4904.

354 **Virgilii** Eneidos libri XII et alia in fine. in 4to, rel. en bois.

Ms. sur vélin, avec titres en rouge et grandes lettres en couleur. Il a plusieurs variantes et notes interlineaires, et il provient de la collection Saibante n.° 67. Le M.is Gianfilippi a noté de sa main qu'il est d'environ le Xe siècle. Il est sans doute d'une vénérable antiquité.

355 VIRGILII Bucolica. — Homeri Batracomyomachia a Carolo Aretino. — Virgilii Georgica. in 4to, vél.

Ancien ms. sur vélin, avec initiales en or et couleurs. Quelques feuillets ne sont pas bien conservés.

356 PUBLII VIRGILII Maronis Moretus. in 4to, cart.

Ancien ms. sur papier composé seulement de trois feuillets. On lit au verso du dernier :
Explicit Moretum Virgilii.

357 PRISCIANI Partitiones versuum in XII libris Eneidos Virgilii. — Eiusdem libellus de metris comicis. — De ponderibus et mensuris traductum e graeco in latinum per fratrem Ambrosium. — De ratione metrorum Omniboni Leoniceni. in 4to, non rel.

Ancien ms. sur papier, avec initiales en couleur.

358 CATULLI Epigrammaton libellus. in 4to, rel. en bois.

Ms. du XVe siècle, sur papier, d'une écriture nette, avec initiales et titres en rouge

359 TERENTII Comoediae. pet. in fol. dem. rel.

Ancien et beau ms. sur vélin, d'une écriture remarquablement nette. La première page est ornée de deux capitales avec arabesques et armoiries en or et couleur. Les initiales de chaque comédie sont enluminées. Les titres sont en rouge et les autres maiuscules en bleu. Les vers sont écrits de suite comme de la prose.

360 SENECAE Tragoediae. gr. in 4to, dem. rel. dos. de vél.

Ms. sur vélin, d'une grande antiquité, presumé être du XIe ou XIIe siècle. Il est orné de grandes lettres fleuronnées en rouge et bleu au commencement de chaque tragedie, et d'autres plus petites au commencement de chaque scène. On lit à la fin:
Marci Lucii Annei Senece Tragedie decem feliciter expliciunt scripte per me Lucam de Petregnaculla de Parma.
Il y manque le premier feuillet, et les marges superieures sont rapiécées.

361 OVIDII de arte Amandi. — Tibulli carmina. — Commentaria in Tibullum. in 4to, rel. en bois.

Ancien ms. sur papier. Il porte le n.° 328 de SAIBANTE. Mouillé.

362 OVIDII De arte amatoria. pet. in 4to, rel. en bois.

Ms. sur vélin, avec initiales en rouge. Il y a des notes sur les marges, et des glosses interlineaires. Le M.is de Gianfilippi l'a jugé du Xe siècle, et il ne doit pas être posterieur, il est marqué en rouge avec le n.° 326 de la collection SAIBANTE.

363 **OVIDII Heroides, et Remedium amoris. in 4to, parch.**

Ancien ms. sur papier, avec initiales en couleur.

364 **JUVENALIS et Persii Satyrae. in 4to, dem. rel. doré sur tr.**

Ms. du XIVe siècle sur vélin, avec titres en rouge, et grandes lettres ornées d'arabesques en or et couleurs.

365 **JUVENALIS Satyrae. in 4to, rel. en bois.**

Ancien ms. sur papier de différentes écritures.

366 **JUVENALIS Satyrae. in 4to, non rel.**

Ancien ms. sur vélin. La première page a étée grattée.

367 **COMMENTARIA in Juvenalem. in 4to, rel. en bois.**

Ancien ms. sur papier, à deux colonnes, d'une écriture très fine. A la fin on lit:

Explicit comentum Juvenalis feliciter

DEO GRAS AMEN.

Il porte le n.° 331 de SAIBANTE.

368 **LUCANI Pharsalia. in fol. cart.**

Ms. d'une grande antiquité, avec notes marginales et glosses interlineaires. Les initiales sont ornées en rouge et bleu. Il provient de la collection SAIBANTE, et porte en tête du premier feuillet le n.° 373 en rouge M r De Gianfilippi a consigné de sa main en tête du même feuillet cette note: *Deest pagina prima, sunt versus 58, et deest maxima pars libri X et ultimi. Nota quod leguntur plures versus qui desunt in eodem opere edito.*

369 **LUCANI Pharsalia. pet. in fol. dem. rel.**

Ms. d'une grande antiquité sur vélin. Il n'arrive que vers la moitié du livre VIII, n'ayant pas été achevé.

370 **LUCANI Pharsalia, cum commentario anonymi. in fol. rel. en bois.**

Ms. sur papier, qui porte à la fin la note suivante:
Expletum die x Aprilis 1475. In villa Valdagni
Il contient un commentaire inédit, d'auteur inconnu.

371 MARTIALIS Epigrammata. in fol. dem. rel.

Beau ms. sur papier, avec titres en rouge. A la fin on lit : *Explicit Marcij Valerij Martialis Apoforeta foeliciter* xxv.° *Kalend. Julij* Mccccxxxxxiij.

372 SEDULII Carmina. in 4to, cart.

Ms. d'une grande antiquité, sur papier, avec initiales et titres en couleur.

373 MACRI de virtutibus herbarum. in 8vo, non rel.

Ancien ms. sur vélin, avec initiales en couleur. Il commence sans intitulé, après la table:
Herbarum quasdam dicturus carmine vires.
Il porte le n.° 364 de SAIBANTE.

374 SYMPHOSII poetae veteris elegantissimi Enigmata. in fol. cart.

Ms. du XVIe siècle, sur papier. A la fin se trouvent autres poésies latines de différents auteurs.

375 GOTIFREDUS sive Hierosolyma vindicata Torquati Tassi latinis musis reddita opera Leopoldi Curtii veneti. pet. in fol. cart.

Ms. du XVIIIe siècle sur papier, rempli de corrections autographes. On trouve sur le titre la note suivante:
Describebatur Tragurii administrante authore in ea Urbe Venetum imperium anno 1728.
Ce ms. était préparé pour l'impression.

376 BULLIONEIDOS sive Hierusalem liberata Torquati Tassi heroico carmine donata a Dominico de Zannis. in fol. bas.

Ms. du XVIIIe siècle, sur papier. Taché.

377 ZANETTI Derrames Cyprii Carmina. in 4to, bas.

Ms. du XVe siècle, sur papier, autographe. Ces poésies sont inédites.

378 JANI VITALIS Panormitani Carmina divina et prophana, Epistolae, Bucolica, Elegiae, Epigrammata, etc. in 8vo, parch.

Ms. du XVIe siècle, sur papier, probablement autographe.

379 NICOLAI ARCHII Comitis Carmina. in 4to, veau.

Ms. autographe sur papier, le même mentionné par MAFFEI (*par.* 2, *col* 209).

380 Jo. Bapt. Ponae Carmina latina et italica. in fol. parch.

Ms. autographe, sur papier. L'auteur vivait dans le XVIe siècle, v. Maffei. C'est le n.° 385 des mss. de Saibante.

Polygraphes.

381 Libellus de secretis secretorum Aristotelis. — Auctoritates S. Hieronymi. — Tabula super epistolas et evangelia, et alia. in 8vo, rel. en bois.

Ms. partie sur vélin et partie sur papier, portant à la fin la date de 1462.

382 Cosmographia Pomponii Mellae. — Jo. Boccacii de Tancredo et Sigismonda. — Defensio Epicuri contra stoicos, et alia. in 4to, rel. en bois.

Ms. du XVe siècle sur vélin. Il contient à la fin plusieurs lettres inédites de Paul André Del Bene, dont la signature et des vers latins autographes sont sur les gardes du volume.

383 Comentum in poetica Horatii. — Argumenta tragediarium Senecae. — Priscianus de duodecim carminibus. — Maffei Vegii epistola ad Eustachium. — Centimetrum Servii. — Omniboni Leoniceni ars metrica. — Leonardi Aretini in hipocritis. in 4to, rel. en bois.

Ms. du XVe siècle, sur papier.

384 Tractatus et compendiosa introductio cognoscendi gradus consanguinitatis. — Declarationes fr. Antonii de Florentia. — De veneratione Dei. — De sancto Johanne elimosinario patriarcha constantinopolitano (et aliis sanctis). — Comenza la legenda de S. Barlaam e de S. Josaphat. — Vita beatissimi Zenonis episcopi Veronensis. in 8vo, rel. en bois.

Ms. partie sur vélin et partie sur papier, exécuté en 1472.

385 Miscellanea. Bellum S. imperii Veneti contra Herculem Ducem Ferrariae 1482. — Concordia Moisis et Platonis a Marsilio Ficino. — Epistolae Ludovici Cendratae. — Historia divae Thuscanae. — Petrarchae et Ciceronis Epistolae, et alia. in 4to, rel. en bois.

Ms. du XVe siècle, sur vélin, de la collection SAIBANTE, avec la signature : *Polycarpi Palermi.*

386 MISCELLANEA latina. in 4to, parch.

Ms. du XVe siècle, sur papier. Il contient plusieurs lettres, harangues, et vers de différents auteurs véronais du même siècle, et entre autres d'*Isotta Nogarola*, et *Giorgio Bevilacqua Lazise*. La première pièce anonyme porte le titre :
Ad Paulum II pontificem max. de origine gentis barbarorum.

387 MISCELLANEA latina. Sermo Matrimonialis. — Oratio Lavagnolae. — Oratio in fun. Jo. Pontani. — Oratio in funere mag. equitum capitanei Gathamelatae. — Epitalamium Manfredi de Justis. — Epitalamium Guarini veronensis, et alia. in 8vo, rel. en bois.

Ms. du XVe siècle, sur papier, n.° 750 de SAIBANTE.

388 MISCELLANEA latina. in 4to, rel. en bois.

Ms. sur papier, exécuté en 1430, avec titres et initiales en rouge. Il contient plusieurs lettres et harangues de *Guarino* de Vérone, et autres opuscules en vers et en prose de différents auteurs, en grande partie inédits.

389 MISCELLANEA poetica et oratoria. in 4to, cart.

Ms. du XVe siècle sur papier, contenant plusieurs pièces de divers auteurs, et de différentes écritures.

390 PROSPERI aquitanici Epigrammatum liber. — Gabrielis Blondi varii tractatus, epistolae et carmina, latine et italice. in 4to, bas.

Ms. sur papier de l'anné 1506. La plus grande partie des traités et lettres de Gabriel Blond est en langue italienne. Un de ces traités est intitulé :

Ad sororem Alexandram de Ariostis, de pluribus et primum de amore proprio.

A la fin de ce même traité, on lit :

Finito e stato de scrivere da me d. ph. questo tractato adi xiiij *de ottobre* M . cccccvj *Florentiae in domo Strinati de Strinatis.*

Ce ms. vient de SAIBANTE n.° 506.

Dialogues et Epistolaires.

391 APULEI De Magia. — Ejusdem metamorphoseos. in fol. cart.

Ms. de l'année 1389, partie sur papier et partie sur vélin. A la fin du premier livre *de Magia* on lit:

Ego C. crispus Salustius emendavi .... Apulei Platonici Madarensis pro se apud c. l. maximum Proconsulem de magia liber primus explicit. Incipit liber secundus.

Et au verso du dernier feuillet:

Scriptum et completum Rome apud campumflorem ... per me Holt de heke clericum osnabungensis diocesis sub anno a nativitate domini M. ccc. octuagesimo nono. Indict. XII, etc.

392 LUCIANI Dialogi, latine. in fol. veau.

Ms. du XVe siècle, sur papier, n.° 77 de la collection SAIBANTE.

393 LIBANII Epistolae, GRAECE. in 4to, cart.

Ms. du XVIe siècle sur papier. L'intitulé qui se trouve au *recto* du premier feuillet, est en lettres d'or. Dans ce ms. sont conservés les quatre premiers feuillets de la Batracomyomachie d'Homère en grec, caractères rouges et noirs, imprimée à Venise par Leonicus Cretensis, 1486, in 4to, première édition extrêmement rare.

394 ARISTENETI Epistolae amatoriae, GRAECE. in 4to, cart.

Ms de la fin du XVIe siècle, sur papier.

395 PHALARIDIS, Marci Bruti et Diogenis Epistolae e graeco in latinum traductae. in 4to, rel. en bois.

Ms. sur papier. A la fin de Phalaris on lit:

FINIS
X KL MARTIAS MCCCCLXXI
PYRRHANI.

396 CICERONIS Epistolae familiares. in 4to, rel. en bois.

Ancien ms. sur papier.

397 CICERONIS Epistolae ad familiares. in 8vo, non rel.

Fragment d'un ms. sur vélin, d'une grande antiquité. Il se compose de quatre cahiers, et porte le n.° 618 de SAIBANTE.

398 FRANCISCI Petrarchae Epistola consolatoria ad Joannem de Columna cardinalem super fratrum mortibus. in 4to, cart.

Ancien ms. sur papier, provenant de SAIBANTE, n.° 345.

399 **Petri Bembi Epistolae (99) ineditae ab antiquo ms. desumptae. pet. in 4to, cart.**

Ms. du XVIIIe siècle sur papier. Une note de M. Gianfilippi fait connaître que ces lettres sont inédites, et qu'elles mériteraient d'être imprimées.

400 **Guarini veronensis et aliorum Epistolae et orationes. in 4to, rel. en bois.**

Ms. du XVe siècle sur papier, de différentes écritures. La plus grande partie des pièces contenues dans ce vol. est inédite.

401 **Ludovici Nogarolae Epistolae et alia. in fol. vél.**

Ms. autographe des années 1528 et suiv. Il appartenait à la collection de Saibante n.° 1039. Maffei (*parte III, col.* 171) fait mention de plusieurs volumes de cet auteur existants chez Saibante.

402 **Hermolai Barbari Epistola Isottae Nogarolae. pet. in 4to, rel. en bois.**

Beau ms. sur vélin, avec initiale en or, daté à la fin : *Ex terra nostra Bodoloni* xi *Kal. martii* M. cccc . lxiiii.

403 **Magnifico equestris ordinis viro Bernardo Bembo patricio veneto Veronae praetori Christoforus Lafranchinus veronensis S. P. D. in 4to cart.**

Ms. sur papier daté de 1503. Maffei, IIe partie, col. 102, fait mention de cette pièce, où il dit : *Curiosa invettiva scrisse contra alcuni costumi principiati a suo tempo, cioè d'ambire il titolo di Conte, e di lasciare l' abito nativo, per rivestirsi a modo di altre nazioni, il che allora con fatale danno si prese a fare dalla gioventù.*

404 **Inscriptiones litterarum quae nomine senatus Mediolani scribuntur. in fol. dem. rel.**

Ms. du XVIIIe siècle, sur papier

405 **Neuf lettres autographes de Mad. Sophie Sellier à Mr Audibert fils, datées de Paris. an vi.**

HISTOIRE.

Géographie et Histoire ecclésiastique.

406 Cl. Ptolomaei Geographia, latine. in 4to, cart.

Ms. sur vélin, d'une grande antiquité, probablement du siècle XIe.

407 Gelasii Cyziceni de Concilio Nicaeensi, graece. in 4to, vél.

Ancien ms. sur papier, avec titres et initiales en rouge, le même qui se trouvait dans la collection Saibante, et qui est mentionné par Maffei.

408 Martyrologium Bedae et Hieronymi. — Regula sancti Benedicti. in fol. cart.

Ms. du XIIe siècle, sur vélin, avec initiales en couleur Au *recto* du premier feuillet on trouve cette date:
IN NOMINE DNI NRI IHU XPISTI
Ann. dni mill. c. quinquagesimo. VIII. *mense madio.*
Le vol. commence par la note suivante:
Ad honore dni nri ihu xpi ꝛ scor. hylarii ꝛ benedicti iohs abbas strambus scribere fec. regulam istam etc.
Après le Martyrologe se trouve:
INCIPIT PROLOGUS REGULE SCI BENEDICTI ABBATIS.
A la fin de cette partie on lit:
Libro finito. dns laudetur in ipso
Abbas pceptis que strambus scribere fec.
Paganus scripsit etc.
Suit un calendrier où sont notées les époques de la mort de plusieurs frères de la congregation de S. Benoit. Cette partie est posterieure à l'époque de la première. On y trouve plusieurs dates des siècles XIIIe et XIVe. Entre autres la suivante:
viij. Kl. (Januarii) *obierunt Laurentius. Agnes. smerada. currente anno dni.* M . CC . XXXIIIJ . *tempore magne glatie ita quod ibant homines et carete super glaciam Venecias.*
On trouve dans ce ms. deux pièces: *Felix Maria*, et *Maria virgo semper letare*, avec la musique notée à la manière des anciens, avant l'introduction des lignes horizontales. Les ms. de cette date, avec des notes musicales sont excessivement rares.
Ce ms. appartenait anciennement au monastère de S. Gregoire de Venise, et plus récemment à Saibante de Vérone, sous le n.° 244 de cette collection.

409 Plurimorum martyrum passiones et vitae. in fol. dem. rel.

Ms. sur vélin, à deux colonnes, avec titres et lettres capitales en rouge, exécuté dans le IXe ou Xe siècle. Il y manque quelques feuillets au commencement, et probablement encore à la fin.

410 Passio sanctorum martyrum decem millium. — Incipit missa sanctorum decem millium martyrum. pet. in fol. rel. en bois.

Ancien ms. sur vélin. La première page et les lettres capitales sont richement enluminées. De la collection Saibante.

411 Legenda sanctorum edita per Jacobum de Voragine. in 4to, rel. en bois.

Ancien ms. sur vélin, à deux colonnes, avec initiales en couleur.

412 Catalogus sanctorum editus a patre Natale de Veneciis. gr. in fol. parch.

Ms. du XVe siècle, sur papier, à deux colonnes, avec titres rouges et initiales ornées en couleur.

413 Catalogus sanctorum Episcoporum, Jo. Bernardi Diaz de Luco Episcopi Calagurritani. in 4to, parch.

Ms. du XVIe siècle, sur papier, probablement autographe. De la collection Saibante.

414 Vita S. Bernardi primi abbatis et fundatoris coenobii Clarevallis. in 4to, vél.

Ms. sur vélin, avec lettres capitales en or et en couleur. Cette vie est divisée en 5 livres. A la fin du premier on lit: *Explicit liber primus imperfectus propter mortem auctoris scribentis eam, videlicet Domni Guilielmi abbatis S. Theodoriti etc. — Incipit prefatio Domni Harnaldi Bonevallis abbatis in secundo libro ejusdem, etc.* Le troisieme livre commence: *Incipit liber Domini Gaufridi abbatis ultimorum trium librorum de vita sancti Bernardi.* A la fin du cinquième livre on lit: *Explici vita sancti Bernardi . . . . per me Bernardum Maurocenum Decretorum doctorem et sancti Lucae evangelistae Venetiarum pleban. R. S. Marci Canoni cum anno Dominicae Incarnationis millesimo quadringentesimo octuagesimo primo: Die ultima Januarij Venetiis.* — Suivent deux sermons en honneur de S. Bernard, et le volume est terminé par: *Auctoritates sancti Bernardi de Beata virgine.*

415 Epistola beati Eusebii ad beatum Damasum de morte beatiss. hyeronimi et alii tractatus ecclesiastici. in 4to, rel. en bois.

Ancien ms. sur papier.

416 Legenda seraphici patris Francisci, et alia. in fol. rel. en bois.

Ms. du XVe siècle, sur vélin, à deux colonnes, avec un grand nombre de belles initiales ornées d'arabesques en couleur.

417 Passio S. Margaritae. in 8vo, parch.

Ms. sur papier, daté de 1497. De la collection Saibante.

418 Vita S. Margaritae, et vita Jesu Christi. pet. in 16mo, bas.

Ancien ms. sur vélin, orné de 41 miniatures de la grandeur des pages, assez grossières. N.° 550 de Saibante.

419 De sancto Zenone Veronae Episcopo. in fol. cart.

Ms. sur papier, contenant une collection de différents écrits sur S. Zenon. N.° 636 de Saibante.

420 Historia de vita et transitu beatae Theuteriae. in 4to, parch.

Ms. sur papier, de la collection Saibante. Copie faite en 1554, d'apres un ancien ms sur vélin.

421 Caroli Libardi De vitis et rebus gestis Episcoporum Veronae. in fol. cart.

Ce ms. sur papier, est le même mentionné par Maffei (*par.* 3, *col.* 247) sous le n° 669 de la collection Saibante.

422 Vita et Epistolae Aegidii Viterbiensis, cardinalis ab Henrico Noris. in 4to, non rel.

Ms. autographe sur papier.

423 Excerpta ex commentario compendiario P. Simeonis Roderici unius ex primis decem Patribus de origine et progressu Soc. Jesu usque ad confirmationem, ad R. P. N. Euerardum Mercurianum. Ulisipone 25 Julii 1577. in 8vo, parch.

Ms. de la fin du XVIe siècle, sur papier. Il contient plusieurs pièces en latin, espagnol et italien, rélatives aux Jesuites.

Histoire ancienne.

424 PHOTII Bibliotheca, GRAECE. in fol. rel. en bois.

Ancien ms. sur papier, en beaux caractères, avec titres et initiales en rouge. MAFFEI sous le n.° 18 des mss. de SAIBANTE, le note ainsi: *Biblioteca di Fozio intera, e copiata con diligenza e correttamente con due indici.* Il porte effectivement le même chiffre en rouge au dos de la reliure. Ce ms. contient 920 feuillets en beau papier, et avec des grandes marges.

425 GUIDONIS de columnis Liber infortunii nobiliss. civitatis Troye. in fol. parch.

Ms. du XIVe siècle, sur papier, avec initiales rouges. Autres pièces ajoutées à la fin. Le premier feuillet avarié.

426 DARES Phrygius. — Eutropius. — L. Florus. in fol. rel. en bois.

Ancien ms. sur papier, d'une écriture parfaitement nette, et bien conservé. Le commencement de chaque ouvrage est en lettres capitales, avec une grande initiale ornée en couleurs.

427 POLYBII Historiarum libri, Nic. Perotto interprete. in fol. dem. rel.

Superbe ms. du XIVe siècle, sur vélin, d'une belle exécution. La première page, et les lettres capitales sont richement enluminées. Quelques feuillets à la fin sont transposés, mais le texte est complet.

428 T. LIVII Historiarum libri. in fol. rel. en bois.

Ancien ms. partie sur vélin, et partie sur papier, avec lettres initiales en or et couleur. Il y manque 5 feuillets dans le corp de l'ouvrage. De la collection de SAIBANTE, n.° 228.

429 T. LIVII Historiarum libri. in fol. rel. en bois.

Ancien ms. sur papier. On a laissé en blanc l'espace pour les lettres initiales. Sur la garde en vélin avant le premier feuillet est écrit un *sonetto* attribué à FRANCESCO PETRARCA, dont voici le commencement :
Chomo sio sia de doi diuersi amanti.

430 CAESARIS Commentaria. in fol. rel. en bois.

Ms. sur vélin d'une très-belle exécution, mais malheureusement on a emporté avec les marges de quelques feuillets les bordures en or et en couleurs dont les initiales sont décorées. Celles qui restent démontrent l'excellence de l'artiste. Il est du XVe siècle, et il y manque le premier feuillet. On lit sur un morceau de parchemin attaché à la réliure:

C. IVLII CAESARIS COMMENTARIOR. BELLI GALLICI LIB. I.
IVLIVS CELSVS CONSTANTINVS EMENDAVIT.

Iste liber comtarior. fuit Bone Memorie Dni fracisci Maphei Canoici Vonesis Scriptoris apostolici et prothonotarij Qui eum dono dedit Canoicis regularib. Comoratibus i h° monast.° Sancti Leonardi.

Maffei ne fait aucune mention ni de Giulio Celso Costantini, ni de Francesco Maffei.

431 Caesaris Commentaria. in fol. dem. rel.

Ms. d'une grande beauté, sur vélin. Les initiales sont supérieurement enluminées, et au bas de la première page sont peintes des armoiries en or et couleur. Il est d'une grande antiquité, et parfaitement conservé.

432 Sallustius. in fol. non rel.

Ce ms. sans doute d'une vénérable antiquité, et probablement du Xe siècle, est malheureusement imparfait. Il y manque le premier feuillet et quelques autres dans le corps et à la fin du volume. Sur vélin, de la collection de Saibante, n.° 238.

433 Sallustii Catilinarium. in 4to, parch.

Ancien ms. sur papier, avec grandes lettres coloriées. On lit à la fin:

Explicit liber Catilinarii Amen.
Ego Johannes de Broylo Scripsi.

434 Sallustii Catelinarium et Jugurtinum. in 4to, non rel.

Ancien ms. sur papier.

435 Sallustii Catilinarium et Jugurtinum. gr. in 4to, rel. en bois.

Ms. du XVe siècle sur papier, avec grandes lettres et titres en rouge.

436 Justini Historiarum libri. pet. in 4to, parch.

Très-ancien ms. sur vélin, avec un grand nombre d'initiales peintes et rehaussées d'or.

437 Justini Historiarum libri. in fol. rel. en bois.

Ms. du XIVe siècle, sur papier, d'une écriture nette et bien conservé.

438 Justini Historiae. in 4to, parch.

Ancien ms. sur vélin, d'une écriture remarquablement nette, et d'une bonne conservation.

439 **Chronicon Andreae Dandulo ducis Venetiarum, ab orbe condito ad ann. Christi 1195. in fol. vél.**

Ms sur papier, du XVIe siècle. V. Foscarini, *Letteratura Veneziana*, pag. 123 et suiv.

Histoire moderne.

440 **Pauli Diaconi de gestis Langobardorum libri VI, et Jornandes de Gothorum origine et rebus gestis. in 4to, veau.**

Ms sur vélin, à deux colonnes, d'une grande antiquité.

441 **Cronica Martiniana. — Provinciale. — Ordinarium secundum usum curiae romanae. in fol., rel. en bois.**

Ancien ms. sur vélin, à deux colonnes, avec capitales ornées en couleur.

442 **Blondi Flavii Forliviensis Roma instaurata. in fol. vél.**

Ms. du XVe siècle, sur papier.

443 **Georgii Bevilaquae de Lacisio Historia de bello gallico. in 4to, cart.**

Ms. du XVe siècle, sur vélin. Maffei (*par.* 2, *col.* 98) dit à propos de cet ouvrage:
Si divide in tre libri e tratta della guerra de Veneziani con Filippo Visconte dal 1438 fino alla pace . . . . . . Ben meriterà per ogni conto d'essere inserita nel corpo degli scrittori Rerum italicorum, etc.
Il y manque quelques feuillets au commencement et à la fin, et il est taché.

444 **Georgii Stellae Facini Genuensis Cronicae de Janua a verbi nativitate ad annum 1435. in fol. cart.**

Ms. sur papier, du XVIe siècle. N.° 213 de la collection Saibante. Cette histoire est inédite.

445 **Baptistae Pajarini vincentini Cronicarum libri sex a principio urbis conditae usque ad haec tempora 1450. in fol. cart.**

Ms. du XVIe siècle, sur papier, de la collection Saibante, n.° 226. Haym observe que: *il latino di questa Storia non è mai stato dato alla stampa, e del volgarizzamento non è molto da fidarsi.*

446 **De utilitate capienda ex rebus a Venetis gestis (ab Augustino Valerio Veronae Episcopo). in fol. non rel.**

Ms. autographe sur papier. Cet ouvrage inédit comprend l'histoire de la republique de Venise depuis son origine, jusque en 1577. Maffei (*Verona illustrata, par. 2, col. 196*) fait mention de ce même ms. et il dit qu'il est probablement unique; et faisait partie de la collection de Saibants.

447 **Commissio Ducis Venetiarum Victori Barbadico potestati Brixiae. pet. in 4to, mar. r. dent.**

Ms. sur vélin, exécuté en 1535. Il y manque quelques feuillets.

Biographie et Extraits historiques.

448 **De vita et moribus philosophorum ubi tractantur multa quae in antiquis libris de ipsorum gestis sparsim scripta reperi, in unum colligere laboravi. etc. in 4to, dos. de vél.**

Ms. du XVe siècle, sur papier.

449 **Vitae Q. Sertorii, Pyrri et Pauli Emilii a Leonardo Aretino. — Vitae M. Bruti et C. Marii a Jacobo Angeli. in 4to, rel. en bois.**

Ms. du XVe siècle, sur papier.

450 **Bartholomaei Vitalis De Caio Plinio Secundo libri tres. in fol cart.**

Ms. du XVIIIe siècle, sur papier, inédit et probablement autographe.

451 **Valerii Maximi factorum et dictorum memorabilium libri IX. in fol. rel. en bois.**

Ancien ms. sur vélin, d'une écriture très-nette, avec lettres capitales enluminées, d'une belle exécution, et parfaitement conservé.

452 **Valerii Maximi factorum et dictorum memorabilium libri IX. in 4to, dem. rel.**

Ancien ms. sur vélin, à deux colonnes, avec ornements et majuscules en or et en couleur.

453 **Valerii Maximi factorum dictorumq. memorabilium libri IX. in 4to, rel. en bois.**

Beau ms. du XIVe siècle, sur vélin, avec lettres initiales ornées d'arabesques et fleurs en or et en couleurs. Au bas de la première page sont peintes des armoiries. L'écriture est fort nette, et à la fin on trouve la date de 1400.

454 **VALERII Maximi Factorum dictorumque memorabilium libri X. in fol. rel. en bois.**

Beau ms. du XVe siècle, sur vélin, décoré de plusieurs capitales en or et en couleur. On lit à la fin :
Explicit liber Valerii quem ego filipinus de gandinonibus filius. d. Zamboni transcripsi et explevi die lune xxv *Januarij* Mccccxij.
Mais ce qui rend ce ms. singulier, c'est qu'après la fin du livre IXe il s'y trouve le commencement du livre Xe avec l'intitulé suivant:
Decimus hujus operis liber qui est ultimus dicitur vel negligentia vel malivolentia librariorum deperiit . . . .
Valerii Maximi Incipit decimus liber.
Varro in Italia simplicia fuisse nomina, etc.
Il appartenait à la collection de SAIBANTE.

455 **PAPYRUS. Deux pièces d'ancien papyrus, ayant une 5 et l'autre 6 lignes.**

456 **CHARTES des XIe et XIIe siècles.**

Onze pièces mss. de 1099 à 1199, sur vélin.

457 **CHARTES du XIIIe siècle.**

77 pièces mss. de 1201 à 1230, sur vélin.

458 **CHARTES du XIIIe siècle.**

30 pièces mss. de 1230 à 1289, sur vélin.

459 **CHARTES du XIIIe siècle.**

44 pièces mss. de 1289 à 1299, sur vélin.

460 **CHARTES du XIVe siècle.**

Dix pièces mss. de 1341 à 1346, sur vélin, relatives à Luchino Visconti Duc de Milan.

461 **BULLES de papes, cardinaux, archêveques, empereurs, ducs, etc. avec signatures autographes.**

22 pièces mss. sur vélin, de 1220 à 1569.

462 **COLLECTION de 24 miniatures, et lettres majuscules ornées en or et couleur, tirées d'anciens manuscrits, dont six sont collées sur des cartons.**

MANUSCRITS ITALIENS

THÉOLOGIE.

1 **Biblia.** Esposizione del vecchio e nuovo testamento in lingua italiana. in 4to, rel. en bois. **Saibante**, n.° 483.

Ms. sur papier, du XVe siècle. Il commence sans aucun intitulé, et finit sans aucune souscription. Il contient une exposition de l'ancien testament, du commencement de la Genèse, jusqu'aux Machabées. Suit l'histoire de J. C. tirée des évangiles. Il finit avec un petit traité de la nature de divers animaux.

2 **Il santo Vangelo** di Gesù Cristo secondo tutti e quattro li santi evangelisti. pet. in 4to, cart.

Ms du XVIIIe siècle, sur papier. Traduction anonyme et inédite.

3 **Leggenda** di Moyses, di Job, di Tobia e di sancto Alberto. in 4to, rel. en bois.

Ms. du XIVe siècle, sur papier, avec titres et initiales en rouge. Le volume commence avec un traité de la virginité en langue italienne. Tous ces ouvrages sont inédits.

4 **Vita** de Joachim, de Anna e de la generation de David, etc. in fol. rel. en bois.

Ms. du XVe siècle, sur papier, à deux colonnes avec titres en rouge, et initiales ornées en couleurs. Au feuillet 23 commence un autre traité intitulé :

Questa sie la passion del nostro Signor Jesu Cristo e de li altri miracoli etc.

Et au feuillet 53 verso:

Qui chomincia li Miracoli de la verzene Maria etc.

Après au feuillet 64:

Qui chomincia el pianto de la verzene Maria per la morte del suo dolce fiolo el qual compose el venerabile frate Anselmo.

Cette partie est en vers italiens rimés (*terzetti*). Suit la *vita de santa Theodoxina*, et le volume finit avec *Una questione de sancto Tomaxo d'Aquino.*

En tête du premier feuillet on lit:

1464 *a di* 31 *Octubrio chomenci a scriuer questo libero.*

Et au verso du dernier:

Iste liber est Monasterii scti sps Verone.

5 **Tractatus de defectibus missae. in 4to, rel. en bois.**

Ms. du XVe siècle, sur papier, avec titres et initiales en couleur. Cet ouvrage est entièrement écrit en langue italienne, excepté l'intitulé des chapitres qui est en latin.

6 **Novene per le principali solennità di nostro Signore e della Beata Vergine. in 8vo, veau.**

Ms. du XVIIe siècle, sur papier.

7 **Epistola di S. Hyeronimo mandata a santa Paula grandissima matrona Romana. in 4to, rel. en bois.**

Ms. du XVe siècle, sur papier, avec titres et initiales ornées en couleur. Le volume contient encore:
Contemplacione cercha la passione del nostro Signore tracte del stimulo de l'amore de Bonaventura.

8 **Libro di S. Bernardo de la virtude a una sua sorella novamente vulgarizzato. in 4to, rel. en bois.**

Ancien ms. sur papier, avec titres et initiales en rouge.

9 **Opuscoli varii di S. Bernardo e S. Bonaventura in verso e in prosa, italiani e latini. in 4to, rel. en bois.**

Ancien ms. partie sur vélin et partie sur papier, avec initiales, titres et rubriques en rouge.

10 **Fioretti di S. Benedetto. pet. in 4to, cart.**

Ms. du XVe siècle, sur papier. Il commence par l'intitulé suivant en rouge:
Incomenza lo prologo deli fioriti del glorioso san Benedeto. Li quali sono extrati del secundo libro deli dyalogi del mellifluo doctore et papa san Gregorio monaco glorioso.
A la fin se trouve la signature de *Marcus Jacobus Pinellus* possesseur de cet ancien ms. en 1612.

11 **Trattato dell' arra dell' anima. — S. Bonaventura opuscoli volgarizzati. in 4to, rel. en bois.**

Deux parties en un volume, ms. du XVe siècle, sur papier.

12 **Soliloquio de l'arra de l'anima. in 8vo, veau.**

Ms. du XVe siècle, sur papier, avec titres et initiales en couleur.

13 **Trattato del Sacramento del Corpo di Cristo. in fol. rel. en bois.**

Ms. du XVe siècle, sur papier, d'une belle écriture, avec initiales et titres en couleur. Cet ouvrage anonyme est composé partie en prose et partie en vers.

14 **Dechiaratione** d'alcune cose pertinenti alla morte, sepoltura, descender al Limbo, resuscitare etc. del nostro Signor Jesu Christo, per modo di dialogo. in fol. cart.

Ms. du XVIe siècle, sur papier, sans nom d'auteur. N.º 592 de Saibants.

15 **Specchio** de' religiosi. in fol. rel. en bois.

Ms. du XVe siècle, sur papier, avec initiales rouges, et d'une écriture nette. Il commence par un prologue de l'auteur anonyme, le quel est daté de 1455. Suit la table des matières. L'ouvrage commence par ces mots.

Volendo incominciare a fabricare questo bello lucido e risplendente specchio etc.

Il finit au recto du dernier feuillet :

E qui finise el libro chiato El spechio de Religiosi.

16 **Incomincia** lo soccorso de poueri facto in volgare per frate Geronimo da Siena. pet. in 4to, rel. en bois.

Ms. du XVe siècle, sur vélin, avec titres et initiales en rouge.

17 **Libro** dicto Quadriga spirituale. in 8vo, vél.

Ms. du XVe siècle, partie sur vélin, partie sur papier, avec initiales en couleur. On lit à la fin :

Expleta scribere per me fratrem Johannem Venantij de camerino In anno . . . . M . cccc . lviij (1458)

18 **Libro** decto Quadriga spirituale. in 4to, non rel.

Ancien ms. partie sur vélin, partie sur papier, à deux colonnes.

19 **Libro** dicto Quadriga spirituale. in 4to, non rel.

Ms. du XVe siècle, sur papier, à deux colonnes, avec initiales et titres en rouge. A la fin de ce traité on trouve la date de 1463. Ce ms. contient encore l'ouvrage de S. Antonin qui commence : *Defecerunt.*

20 **Libro** dicto Quadriga spirituale. in 4to, rel. en bois.

Ms. du XVe siècle, partie sur vélin, et partie sur papier, à deux colonnes, avec initiales et titres en rouge. A la fin on trouve la note suivante :

Finitum . . . . est istud opusculum die octavo mensis madii 1445.

21 **Libro** che ha nome Spina rosa. in 4to, rel. en bois.

Ms. sur papier, à deux colonnes, daté à la fin de 1432.

22 **Libro** che ha nome Spina e rosa. in 4to, rel. en bois.

Ms. du XVe siècle, sur vélin, à deux colonnes, avec titres et initiales en couleur. Incomplet à la fin.

23 **Libro** de la perseverantia intitulato Corona de li servi de Dio. in 4to, cart.

Ms. du XVe siècle, sur papier, à deux colonnes, avec titres et initiales en couleur. Piqué et avarié.

24 **Trattati** due della Confessione. pet. in 8vo, parch.

Ms. du XVe siècle, contenant deux traités sur la confession. Le premier anonyme est sur papier. Le second est sur vélin, et il commence avec l'intitulé suivant:

Utilissimo modo da confessare secundo frate Nicolao de Osmo

Il porte le n.° 567 de Saibante.

25 **Trattato** sopra la confessione, sopra i peccati mortali, i sentimenti del corpo, i sacramenti etc. in 4to, rel. en bois.

Ancien ms. sur papier, avec initiales en rouge. Il ne porte aucun intitulé, ni le nom de l'auteur.

26 **Trattato** de' peccati. in 4to, rel. en bois.

Ms. du XVe siècle, sur papier, sans aucun intitulé, et sans nom d'auteur.

27 **Trattatello** dicto Compendio de salute composto per frate Nicolò da Osimo. in fol. rel. en bois.

Ms. du XVe siècle, partie sur vélin, et partie sur papier, à deux colonnes, avec initiales titres, et rubriques en couleurs. A la suite de ce traité on trouve l'autre ouvrage du même auteur intitulé:

Libro chiamato quadriga spirituale composto dal venerabile padre fra Nicolo da Osmo de la marcha d'Ancona.

28 **Trattatello** dicto Compendio de salute. in 8vo, rel. en bois.

Ms. du XVe siècle, sur vélin, d'une belle écriture, et avec titres et lettres initiales en couleur.

29 **Sept** volumes mss. sur les questions de Jesuites. in fol. cart.

Mss. du XVIIIe siècle, sur papier, en langue italienne.

30 **Sermoni** volgari di S. Bernardino da Siena. in fol. rel. en bois.

Ms. du XVe siècle, partie sur vélin, et partie sur papier, à deux colonnes, avec initiales en couleur. L'écriture est nette, quoique de différentes mains.

31 **Delle** cose manuscritte del Padre Maestro Spirito Anguisciola de'Pilis Generale dell'ordine Eremitano di S. Agostino. Parte prima. in 4to, parch.

Ms. du XVIe siècle, sur papier. Le volume contient: *Alcune orationi e sermoni vulgari che egli come Ambasciatore del Duca di Monte Leone fece in Malta al Gran Maestro della religione Gerosolimitana, et come Generale del suo ordine nella visita del Regno di Napoli.*

32 **Confutatione** contro l'oratien mentale di quiete, del Padre Danielo Bartoli Giesuita. in fol. cart.

Ms. du XVIIe siècle, sur papier. Il porte le n.° 593 de Saibante.

JURISPRUDENCE.

33 **Mariegola** de l'arte detta Samittaria, *c'est-à-dire:* Matricola dell'arte de'celonai. in fol. rel. en. bois.

Superbe ms. du XVe siècle, sur vélin. Les deux premiers feuillets sont occupés par deux peintures rehaussées en or. L'une représente l'Annonciation de la S. Vierge, et l'autre le lion de S. Marc. Le feuillet avec le quel commence le texte est orné d'un encadrement en or et couleurs, au bas du quel on lit en lettres d'or:

1458 . *adi x de gug.° fo facta*
questa mariegola in el tempo
del serenissio principe mis. pascal
malipiero etc.

A la fin se trouvent d'autres ordonnances de la même compagnie des *Samitteri* des années suivants jusqu'à 1475, de diverses écritures.

34 **Regula** e vita de frati minori. pet. in 4to, rel. en bois.

Ms. de la fin du XVe siècle, sur vélin. Le premier feuillet contient une belle peinture représentant S. François recevant les stigmates. Ce ms. est singulier en ce qu'il est presque en entier écrit en rouge, azur et vert. L'écriture est nette.

35 **La regula** e la vita di frati menori. in 4to, rel. en bois.

Ms. du XVe siècle, sur papier, avec initiales et titres en rouge. Ce volume commence avec la traduction italienne, et après se trouve aussi le texte latin.

36 **Regola** de S. Augustino. — Constituzioni de le suore dell'ordine de li predicatori. in 4to, rel. en bois.

Ms. du XVe siècle, sur vélin, avec titres et initiales ornées en rouge, et d'une écriture nette.

37 **Regula** de sancto Augustino. in 4to, vél.

Ms sur vélin, à la fin du quel on lit :
Questo libro sie de le done de san
zuane de la beuerara scrito adi
ultimo Auosto M . ccccc . iiij .

38 **Costituzioni** dell'ordine eremitano di S. Agostino per le monache del medesimo ordine. in 4to, non rel.

Ms. du XVIIe siècle, sur papier.

39 **Regole** intorno al vestire ordinario e solenne de' SS. Cardinali nella corte di Roma, e intorno alle visite et altre cerimonie loro, raccolte da D. Michele Lunigo. in 4to, parch.

Ms. du XVIe siècle, sur papier. A la fin est ajouté : *Particulares de la Monarquia de Spana.*

40 **La costituzione** Unigenitus corredata di osservazioni, dove si fa vedere l'opposizione che passa tra la dottrina dei Gesuiti e quella dei Santi Padri. in fol. cart.

Ms. du XVIIIe siècle, sur papier.

41 **Constitutione** e statuti de la venerabil compagnia del Salvatore di Verona. in 4to, rel. en bois.

Ms. de l'année 1525, sur papier.

42 **Capituli** et ordeni della ven. compagnia de S.^a Maria in S. Bernardino di Verona. pet. in 4to, rel. en bois.

Ms. du XVe siècle, sur vélin, avec initiales peintes en or et en couleurs. Le volume commence avec une relation de la peste de Vérone en 1472. A la fin se trouve une autre pièce ms. sur vélin, du XVIe siècle, avec le titre : *Constitutione de maridar donzele.*

43 Costituzioni del venerando Seminario di Verona. 1770. in 4to, cart.

Ms. sur papier.

44 Ceremoniali sacri e istruzioni ad uso del venerabile seminario di Verona. in 4to, cart.

Ms. de l'année 1770, sur papier.

45 Costituzioni vescovili per le ven. Pievi Veronesi. in 4to, parch.

Ms. de l'année 1607, sur papier.

46 Constitutione de Martino V reducte sotto compendio. pet. in 8vo, non rel.

Ms. du XVe siècle, sur vélin, à deux colonnes, avec titres et initiales en rouge. A la fin on trouve:
Seguitano le ordenatione de la famelgia reducte insembre ne la generale congregatione a Osmo celebrata nel ano del segnore M . cccc . lvj .
A la fin du volume est rélié un autre ms. sur papier intitulé:
Incipit quaedam formula vite religiose.

SCIENCES ET ARTS.

47 Libro de la doctrina del cuor. in 4to, rel. en bois.

Ancien ms. sur papier.

48 Tractato de la Institutione de li sancti costumi: et de la vita perfecta: compilato per D. Desiderio Paduano. in 4to. rel. en bois.

Beau ms. sur papier, à la fin du quel se trouve la date M . D . iiij . *V. Idus Aprilis.* La première page du texte est décorée d'ornements en or et en couleur, et de deux grandes lettres, dans l'une des quelles est peint un portrait de S. Augustin, d'un fini et conservation admirables. Il s'y trouve encore d'autres initiales en or entourées d'ornements en couleur.

49 Orologio de la sapientia per vulgare. in 4to, rel. en bois, doré sur tr.

Ms. du XVe siècle, sur papier, avec titres et lettres initiales ornées en couleur, d'une écriture remarquablement nette. La première page est décorée d'un bel encadrement avec armoiries, et d'une grande lettre en or et en couleurs. A la fin on trouve la date:

1496.

Die veneris XXI *Octobr.*

A la fin du volume est ajouté d'une écriture du XVIe siècle:

Vita S. Gualfardi de civitate Augusta Germanie.

50 **Libro** il quale a nome Uriolo de la sapientia. in fol. rel. en bois.

Ms. du XVe siècle, sur papier, à deux colonnes, avec initiales et titres en couleur. On lit à la fin en rouge:

Finisse illibro delluriolo della sapia. il qualle conpuose uno sancto frate predicatore. Amen.

Et après se trouve un autre traité, avec l'intitulé suivant:

Incomincia il prologo nello infrascripto pictoso et deuoto exercicio delle passione di yhu xpo et de i dolori della sua benedecta madre.

51 **Trattato** delle virtu delle erbe. in 4to, rel. en bois.

Ancien ms. sur papier. L'auteur est inconnu. Le volume contient 287 feuillets, d'une écriture fine.

52 **Lucidario**, della transmutatione dei metalli e della pietra filosofale di M. Cristoforo Parisiense. in 4to, cart.

Ms. du XVIe siècle, sur papier. Le vol. commence avec cet intitulé:

In nomine dni . . . . incipimus pns lucidarium artis transmutacionis metallorum etc.

Au verso du feuillet 129 on lit la note suivante:

Copia del lucidario di lo exc. doctor m. cristofalo parisiense pho di l'arte transmutatoria mandato p lui ad Andrea ogni bene citadino dignissimo de la inclita cita de venecia exptissimo in simile arte, quale insieme lavoraro del 1468 *et fecero opera p.fecta, de la quale io bertucio loredan ne vidi piu volte la pfettione . . . .*

Scriptum Panhormi die xxiiij *nouembris* 1557.

Le vol. finit par la copie d'une lettre signée:

Vale ex parisio die x *marcii* 1477.

xpoforus vr q supra.

N.° 1020 de Saibante.

53 **Libro** della pietra filosofale. in fol. cart.

Ms. du XVIe siècle, sur papier. Il contient deux traités, le premier en italien avec le titre suivant:

Il vero libro della pietra filosofale del dotto Abbate greco Sinesio, levato dalla biblioteca dell' Imperatore.

Le second en latin, porte le titre:

Artefii antiquiss. philosophi de arte occulta atq. lapide Philosophorum. liber secretus.

N.° 1001 de Saibante.

54 Trattato dell'Harmonia, constitutione o fabbrica generale del vero sale secreto de'filosofi, et dello spirito universale del mondo. in fol. parch.

Ms. du XVIIe siècle, sur papier, avec fig. Il provient de Saibante, n.° 1011.

55 Figure et osservazioni intorno li bigatti o vermini che fanno la seta, e intorno la formazione del pollo nell'ovo ricavate dalle osservazioni fatte da Marcello Malpighi. in fol. cart.

Ms. du XVIIe siècle, sur papier, rempli de figures dessinées à la plume, d'une belle exécution.

56 Teatro dell'infinito in cui si discorre della provvidenza di Dio nel governo del cielo della terra et dell'abisso, di Zefiriele Tomaso Bovio nobile veronese. in 4to, cart.

Ms. du XVIIe siècle, sur papier. Cet ouvrage est inédit. Maffei (*parte seconda, col.* 203) fait mention de ce même ms., qui est le n.° 1016 de Saibante.

57 Tavola di Montebaldo fiorito di nomi de semplici, la quale si contiene in VI Tomi di piante naturali etc. opera fatta da me F. Fortunato da Rovigo capuccino di Verona. 1690. in 4to, vél.

Ms. autographe sur papier.

58 Discorso dei bagni di Caldiero di Gio. Francesco Tinto. in fol. cart.

Ms. du XVe siècle, probablement autographe, sur papier. Maffei fait mention de cet auteur, et il dit qu'il composa un ouvrage intitulé: *La Nobilità di Verona divisa in cinque libri*. Ce ms. vient de Saibante, n.° 640.

59 Oroscopi di casa Saminiati. in fol. dem. rel.

Ms. du XVIe siècle, sur papier.

60 Teoriche dei pianeti di Gio. Andrea di Moschi cognominato Masino. in 4to, bas.

Ms. du XVIe siècle, sur papier, et probablement autographe. Il porte sur le dos en rouge le n.° 898 de Saibante. Maffei (*parte seconda, col.* 204) fait mention de ce même ms.

61 **Trattato** di aritmetica, d'astrologia, etc. in fol. rel. en bois.

Ancien ms. sur papier, avec initiales en couleur. Les sept derniers feuillets contiennent des tables lunaires. La première est de l'année 1418, et la dernière de 1444.

62 **Tavole** astronomiche di Giulio Cesare Luchini Bolognese. in fol. parch.

Ms. autographe, sur papier, avec fig. dessinées à la plume. Fantuzzi (*scrittori Bolognesi*) fait mention d'un autre ms. autographe du même existant dans la Bibliothèque de l'institut à Bologne. L'ouvrage est inédit.

63 **Trattato** quinto della composizione et dell'uso delle tavole de'moti celesti di Giulio Cesare Lucchini bolognese. in fol. parch.

Ms. autographe sur papier, avec fig. dessinées à la plume. A la fin se trouve le: *Trattato sesto della fabbrica et dell'uso di sei stromenti astronomici, cioè Quadrato, Armille, Triqueto, Raggio, Armilla equinottiale, Meteoroscopio.* Ouvrage inédit.

64 **Tavole** astronomiche all'uso Italiano et Babilonico all' altezza del Polo 45 computate da F. Mario d'Acqua negra sacerdote capuccino. in 4to, parch.

Ms. du XVe siècle sur papier, en rouge et noir.

65 **Armonia** astronomica et geometrica di Teofilo Bruni Veronese. in 4to, cart.

Ms. du XVIIe siècle, sur papier, avec fig. dessinées à la plume, probablement autographe. N. 902 de Saibants.

66 **Libro** di medicina, ricette e secreti, parte in latino e parte in volgare. in 4to, rel. en bois.

Ms. du XVe siècle, sur papier, avec titres et initiales en rouge. Au feuillet chiffré CLX on lit:
Ad fluxum corporis probatum per magnificum dominum Girardum Dandulo potestate Brixie de anno 1449.

67 **Libro** di medicina, ricette e secreti. in fol. non rel. dans un carton.

Ancien. ms. sur papier.

68 **Chirurgia** di M. Orlando parmigiano. in fol. parch.

Ms. du XVe siècle, sur papier, à deux colonnes, avec titres et lettres tourneures en couleur. Il commence avec l'intitulé suivant:

Qui achomenza la cirugia de maistro Orlando parmixan lo qual libero se lo medigo lo intendera ben non li bexogneva altro libero quanto a praticha.

Et il finit avec ces vers grossièrement rimés, qui font connaître le nom du copiste et la date:

Qui finisi la praticha di Galieno
E di jpocras E da Vicena
E scrito lo libero chon amori
per mi jachomo ingorzaturi
Ed e chompido alo onore de dio
lo di de lapostolo san matio
E fu di fruier a di vinti quatro
Mili e quatro cento e trenta quatro.

69 CEROGIA de maystro Guielmo de Saliceto de Piasenza. in 4to, bas.

Ms. sur papier exécuté en 1448.

70 DELL'ARTE del cavallo, libri due. in fol. parch.

Ms. du XVIIe siècle, sur papier, sans nom d'auteur.

71 RIMEDII per cavalli ammalati. in fol. parch.

Ancien ms. sur papier, de différentes écritures.

72 NOTIZIE dell' antico collegio de' medici di Verona raccolte dal dottor Leon Leoni viceprotomedico. in fol. cart.

Ms. du XVIIIe siècle, sur papier, d'un ouvrage inédit.

73 TRATTATO d'aritmetica di Francesco Carlo de' Macigni fiorentino. in 4to, rel. en bois.

Ms. du XVe siècle, sur papier. La garde en vélin qui se trouve avant le texte porte la note suivante:

M cccc Lvij
OPVS FACICI CHAROLI DE MACIGNI
FLORENTINO

74 TRATTATO di Aritmetica. in 4to, rel. en bois.

Ms. du XVe siècle, sur papier. N.° 878 de SAIBANTE.

75 TRATTATI di aritmetica, geometria, etc. in 4to, cart.

Ms. du XVe siècle, sur vélin. N.° 899 de SAIBANTE.

76 TRATTATI d'aritmetica, geometria, etc. pet. in 4to, parch.

Ms. du XVIe siècle, sur papier. Au recto du second feuillet on trouve la date de 1555. N.° 903 de SAIBANTE.

77 Trattato di aritmetica geometria, etc. in 4to cart.

Ms. du XVe siècle, sur papier de différentes écritures. N.° 875 de Saibante.

78 Pratica moderna di aritmetica mercantile. in 4to, parch.

Ms. du XVIIe siècle, sur papier.

79 Trattato di aritmetica. pet. in fol. cart.

Ms. du XVIe siècle, sur papier. N.° 873 de Saibante.

80 Trattato di abaco e di tutto ciò che appartiene alla mercanzia. in 4to, rel. en bois.

Ms. du XVe siècle sur papier, avec initiales en couleur.

81 Compendio della scienza meccanica di Geminiano Montenari. in 4to, cart.

Ms. du XVIIe siècle, sur papier, avec fig. dessinées à la plume.

82 Tavole per far horologi italiani, babilonici, francesi o tedeschi all'elevatione di gradi 42, 43, 44 e 45 chiamate tutte nella periferia e figurate da Fr. Amadeo da Verona sac. capuccino. in 4to, cart.

Ms. du XVIe siècle, sur papier, en rouge et noir.

83 Trattato di architettura militare e civile, di idrostatica geometria e prospettiva, libri di mulini e macchine, trattato di fortificazione e macchine militari. in fol. parch.

Ms. du XVe siècle, sur vélin, avec un grand nombre de figures dessinées à la plume et coloriées. Tous ces traités sont sans intitulé et sans nom d'auteur.

Il se trouve dans la Bibliothèque du *M. Saluzzo* à Turin un ms. sur vélin de la même époque, et d'une écriture assez conforme, contenant les mêmes traités.

Feu M. Omodei, qui se proposait de le publier, pensait que cet ouvrage était de Leonard de Vinci. Il est à regretter que sa mort prématurée ait mis un obstacle à la publication de ce ms. inédit.

La marge extérieure de quelques feuillets est un peu avariée.

84 Aforismi dell' arte bellica di Raimondo Montecuccoli. in fol. veau.

Ms. du XVIIe siècle, sur papier, d'une belle écriture.

85 **Del calcolo** balistico, o sia del metodo di calcolare con la medesima facilità i tiri delle bombe orizzontali e gli obliqui, di Gaetano Marzagaglia. in 4to, bas.

Ms. autographe de l'année 1748, sur papier, avec fig. dessinées à la plume.

86 **Ordini** et disciplina dell'arte militare composti per Nicola Gesso cittadino veronese. in 4to, parch.

Ms. du XVIe siècle, sur papier, et probablement autographe, avec figures dessinées à la plume. Il vient de Saibante, n.° 884, et il est mentionné par Maffei. A la fin est ajouté un cahier, contenant un autre traité intitulé:
Modo di affrontar l'inimico esperto nel combattere con la spada a cavallo.
Ces deux ouvrages sont inédits.

87 **Trattato** di geometria. — Dell'espugnazione delle piazze e sua difesa con alcune massime principali da osservarsi nella costruzione di una fortezza, e alcune regole da tenersi dal Governatore di una piazza così in tempo di pace come d'assedio. in 4to, obl., parch.

Ms. du XVIIe siècle, sur papier, avec fig. dessinées à la plume. On lit sur le premier feuillet: *Memoria del sig. Hermano B. di Wanghen da Argentina. Di me Girolamo Barbarano.*

88 **Dell'architettura** d'acque di Giuseppe Luciani architetto et ingegnero Cremonese, divisa in due parti. in 4to, cart.

Ms. du XVIIe siècle, sur papier, avec figures dessinées à la plume, d'une belle exécution. N.° 879 de Saibante.

89 **Segreti** meravigliosi di natura. — Prestigi e giochi naturali. — Segreti dello scrivere etc. in 4to, parch.

Ms. du XVIIe siècle, sur papier, de la collection Saibante.

90 **La Cabala** delli Profeti. in fol. parch.

Ms. du XVIe siècle, sur papier. Ouvrage singulier où l'on trouve des réponses à différentes questions proposées sur l'avenir, les quelles sont en vers, et se font par des dés.

91 **Diversi** Racordi per servitio del orefice et diversi conti et allegationi. in fol. cart.

Ms. du XVIIIe siècle, sur papier. Une note écrite au feuillet 31 fait connaître que l'auteur de cet ouvrage est *Giacomo Antonio Menegati Argentiero et Assaggiatore eletto ad assaggiare l'anno* 1660. Ce ms. porte le n.° 863 de Saibante.

BELLES LETTRES.

92 BOCCACCIO La passione di Cristo, poema in ottava rima. pet. in fol. rel. en bois.

Ancien ms. sur vélin, avec une grande lettre en or et en couleur. Ce poème italien attribué à Boccaccio commence:
O increata maiesta di dio
O infinita e eterna potentia.

93 BOCCACCIO. Passione di Cristo, poema in ottava rima. in 4to, rel. en bois.

Ancien ms. sur papier. Il commence sans aucun intitulé:
O increata magiesta de dio
O infinita o eterna potentia.

Ces deux manuscrits peuvent fournir un grand nombre de variantes. Dans le premier il s'y trouve plusieurs octaves, les quelles manquent dans le dernier.

94 CECCO d'Ascoli. L'Acerba, poema, in 4to, rel. en bois.

Ms. du XVe siècle, sur papier, avec notes sur les marges. Il commence avec une grande lettre ornée en couleurs:
Oltra no siegue più la nra luce.

Manque le dernier feuillet, qui devait contenir les derniers 47 vers.

95 LIBRO di S. Giusto paladino. in fol. cart.

Ancien ms. sur papier, d'une écriture nette. Ce poème commence sans intitulé:
Segnore e donne che per fortuna
Nessuno de voi se metta a despare.

A la fin sont ajoutés deux cahiers contenant des secrets et de recettes de médecine. Ce ms. vient de SAIBANTE n.° 399

96 FREZZI. Il Quatriregio, poema in terza rima. in fol. rel. en bois.

Très-beau ms. sur papier, avec titres et initiales en couleur, d'une écriture nette et bien conservé. Il commence par l'intitulé suivant, en lettres capitales en rouge:

INCOMINCA EL LIBRO DE REGNI MANDATO AL MAGNIFICO E EXELSO SIGNORE VGOLINO DE TRINCI DI FVLIGNO DIVISO IN IIII LIBRI.

Et a la fin on lit:

QVI FINISCE EL QVARTO ET VLTIMO LIBRO DE REGNI MANDATO ALLO ILLVSTRISSIMO ET EXELSO SIGNORE VGVLINO DE TRINCI DA FVLIGNO ANNO DOMINI AB EIVSDEM SALVTIFERA INCARNATIONE MCCCC° LXVIIII EL NOVEB.

Il porte le n. 397 de SAIBANTE.

97 **Cronica di Verona (in versi) di Francesco Corna. pet. in 8vo, rel. en bois.**

Ce ms. est probablement le même dont parle Maffei (*parte seconda, col.* 135). Il est sur vélin, et il porte la date de 1477. Au commencement sont trois feuillets occupés par trois différentes armoiries peintes en or et couleurs. La première lettre du texte est une grande initiale ornée d'arabesques.

La dernière octave de ce poème inédit commence par ces vers :

Adunque a sto libretto fazo fino
El qual e compilato brevemente
da mi Francesco Corna da Soncino
Correndo l'anno millo e quattrocento
Settanta e setto . . . . .

98 **Miscellanea di poesie. in 4to, cart.**

Ms. du XVe siècle, sur papier. Il contient entre autres le poème attribué à Boccaccio qui commence :

O increata maiesta de dio.

Il s'y trouve aussi deux pièces en *terzetti per* iacobvm parmensem, qui probablement devrait être *Jacques Cavico.* A la fin du poème de Boccaccio on lit :

Moysetes de pusterla scripsit hunc librum de anno Mcccc lviiij.

99 **I Sospiri d'italia, poemetto. in 4to, cart.**

Ms. du XVIe siècle, sur papier. Ce poème d'auteur inconnu est composé de 119 octaves, et il est rélatif aux guerres d'Italie.

100 **Rime di M. Cristoforo Bartoli. vol. 8. in 4to, parch.**

Ms. de la fin du XVIe siècle, sur papier. On ne trouve mention de ce poete dans aucune histoire littéraire d'Italie. Cependant il a écrit un grand nombre de poesies. Ces volumes d'une écriture très-nette, et bien conservés viennent de la collection Saibants.

101 **Poesie diverse cingaresche. in fol. parch.**

Ms. du XVIe siècle, sur papier, d'auteur inconnu. Il provient de la collection de Saibants.

102 **Gerusalemme liberata di Torquato Tasso, tradotta in lingua bolognese da Gio. Francesco Negri (i primi 14 canti). in fol. cart.**

Ms. sur papier avec plusieurs corrections autographes.

103 **Guglielmo Duca d'Aquitania, opera drammatica in cinque atti, in versi. pet. in 4to, cart.**

Ms. sur papier, de la fin du XVIe siècle sans nom d'auteur.

104 Rime di Alberto Lavezola veronese. in 4to, cart.

Ms. du XVIe siècle, sur papier, entièrement de la main de l'auteur. Il vient de Saibante n. 401. Maffei fait mention de ce même ms.

105 Intermedii diversi. in 4to, non rel.

Ms. de la fin du XVIe siècle, sur papier. Poésies anonymes et inédites.

106 Sonetti d'incerto autore. in 4to, parch.

Ms. de la fin du XVIe siècle, sur papier.

107 S. Eustachio, rappresentazione spirituale in versi. in fol. cart.

Ms. de la fin du XVIe siècle sur papier. N.° 389 de Saibante.

108 Bajamonte Tiepolo, poema eroicomico di Catuffio Panchiano Bubulio Arcade. in fol. cart.

Ms. du XVIIe siècle, sur papier. L'auteur de ce poème est Zaccaria Valaresso.

109 Miscellanee poetiche di Antonio Cariola. in 4to, cart.

Ms. du XVIIe siècle, sur papier. Ces poésies autographes sont inédites.

110 Gabbia filosofica composta da Don Bartholomeo Aviano. in 16mo, parch.

Ms. du XVIIe siècle, sur papier. Poème inédit en octaves divisé en deux chants.

111 Parafrasi del Salterio del P. F. Girolamo Gaetano da Vicenza sacerdote capuccino. in 4to, non rel.

Ms. du XVIIe siècle, sur papier. Le texte latin des psaumes est à côté de cette traduction inédite en vers italiens rimés.

112 Ersilia, commedia pastorale in versi. in 4to, cart.

Ms. du XVIIe siècle, sur papier. Il est incomplet, et porte le n.° 403 de Saibante.

113 Il Parnaso del S. Cesare Caporali Perugino al S. Francesco Canigiani Cav. Gerosolimitano. in 4to, non rel.

Ms. du XVIIe siecle, sur papier. Cette pièce en *terzetti*, est divisée en deux parties.

114 POESIE amorose di diversi autori, 7 vol. in fol. cart.

Ms. sur papier du XVIIe siècle. Parmi ces poésies il s'en trouve plusieurs en divers dialectes d'Italie.

115 SONETTI amorosi del signor Duca di Mantova et altri soggetti. in 4to, cart.

Ms. du XVe siècle, sur papier, d'une belle écriture. Charles second Duc de Mantoue en 1665 fonda l'académie de Timidi. V. QUADRIO I, pag. 76. Ce ms. est le n.° 427 de SAIBANTE.

116 POESIE diverse. in 4to, parch.

Ms. du XVIIe siècle, sur papier. L'auteur en est inconnu.

117 SONETTI di me Antonio Bruni in occasione di prender le acque di Caldiero, nell'anno 1676. in 4to, non rel.

Ms. autographe sur papier.

118 IL GELOSO di Lorenzo Cataneo. pet. in 4to, cart.

Ms. sur papier daté de 1620. Il contient un poème composé de 125 octaves. N. 432 de SAIBANTE.

119 SPINE delle rose, poetiche composizioni di Lodovico della Chiesa dedicate all'illustrissimo signor Gio. Battista Saibante. pet. in 4to, vél.

Ms. autographe et d'une belle écriture, de l'année 1633 *die 24 mensis decembris*. De la collection SAIBANTE.

120 IL CAPITOLO dei frati poema del P. Sebastiano della Chiesa. pet. in fol., vél.

Ms. du XVe siècle, sur papier. A la fin est ajouté la *Chiave*.

121 POESIE italiane, iscrizioni latine, ed altre composizioni di Francesco Pona. in 4to, parch.

Ms. autographe du XVIIe siècle, sur papier. Il contient plusieurs corrections, et il est entièrement de la main de l'auteur. N.° 4 de SAIBANTE.

122 Rime del Conte Mario Dondonini accademico filarmonico. in 4to, parch.

6

Ms. autographe du XVIIe siècle, sur papier. Maffei fait ainsi mention de ce poète véronais. *Del conte Mario Dondonini versi abbiamo stampati e manuscritti.*
N.° 440 de Saibants.

123 Poesie diverse di Monsignor Azzolini segretario di stato di N. S. Papa Urbano VIII. in 4to, cart.

Ms. du XVIIe siècle, sur papier. Ces poésies sont inédites.
N.° 426 de Saibants.

124 Pantalone avaro, commedia di Olgisio Egiseo. in fol. cart.

Ms. du XVIIIe siècle, sur papier. Cette comédie est presque entièrement écrite en dialectes italiens.

125 Sette salmi penitenziali, con altri cantici e salmi tradotti in versi italiani. 4 vol. in 4to cart.

Ms. du XVIIIe siècle, sur papier. Traductions inédites, et anonymes.

126 Congresso de'zoppi in nove canti diviso in onore del famoso zoppo di Piacenza D. G. C. in 4to, vél.

Ms. du XVIIIe siècle, sur papier, d'une écriture nette. Ce poème satirique et burlesque n'a jamais été imprimé.

127 Opere del Conte Giovanni Bevilacqua raccolte dopo la di lui morte. in fol. parch.

Ms. du XVIIIe siècle, sur papier.

128 La Vendemmia dell' uva in valle Policella, poemetto del Marchese Maurizio Gherardini veronese. in fol. cart.

Ms. du XVIIIe siècle, sur papier.

129 Il Capitolo dei frati poema bernesco del P. Sebastiano della Chiesa. in fol. cart.

Ms. autographe sur papier. Il contient plusieurs corrections de la main de l'auteur.

130 Il canto fu maestro del suono, poemetto del Cav. Gio. Battista da Lisca. — La Gloria carme, e la solitudine poemetto del medesimo. 2 vol. in 4to, cart.

Mss. du XIXe siècle, sur papier.

131 **Discorso** della prudenza politica del P. Pietro Maffei. — Discorso di Gio. Francesco Commendone sopra la corte di Roma. — Delli fondamenti, dello stato e delle parti essentiali che formano il Principe di Don Scipio de' Castro. — Istruttioni et avvertimenti all' Ill. sig. Annibale Capuano destinato per Nuntio a Venetia. — Instruttione all'Ill. s'ʒ. Pietro Caetano nell' andata alla Guerra di Fiandra. in 4to, parch.

Ms. du XVIe siècle, sur papier.

132 **Libro** di Esordj e lettere di autore anonimo. in 4to, rel. en bois.

Ms. du XVe siècle, sur papier. Le premier feuillet est avarié. Il porte le n° 786 de Saibante.

133 **Il secondo** volume delle lettere di Gio. Maria Lopena scritte da lui in diversi tempi a persone ecclesiastiche. in fol. non rel.

Ms. du XVIIe siècle, sur papier. Ce vol. vient de Saibante n.° 725.

134 **Lettere** curiose. in 4to, cart.

Ms. du XVIIe siècle, sur papier. On lit sur la couverture du volume la note suivante :
Donum factum mihi Valerio Palermo a R D. Bartheo Arrigho anno 1630.

135 **Lettere** di raccomandazione, di ragguaglio colle loro risposte. in 4to, cart.

Ms. du XVIIe siècle, sur papier, sans nom d'auteur.

136 **Lettere** autografe di diversi scritte a G. B. Morgagni. 4 vol. in fol. cart.

Collection précieuse d'autographes de divers hommes distingués dans les sciences et dans les lettres du XVIIIe siècle.

137 **Lettere** di diversi scritte al Conte G. B. Gallizioli, a Bergamo. in fol. cart.

Il s'y trouve dans cette collection des autographes de *P. A. Serassi*, *Marco Barbaro*, *G. M. Pujati*, *Clelia Grillo Borromea*, *Elisabetta Caminer Turra*, *Jacopo Quarenghi*, *Andrea Rubbi*, etc.

138 **Lettere** di diversi scritte a Sebastiano Muletti gastaldo de'corrieri della repub. veneta. in fol. cart.

Voici le noms de quelques personnages dont les autographes se trouvent dans cette collection : *G. Beltramelli, G. Bruchner, Card. F. Carasa, Alberto Noris, A. Dondi Orologio, J. Quarenghi, C. Card. Rezzonico* (Clement XIII), etc.

139 **Lettera** di Pietro Giannone nella quale si difende dalla taccia di aver falsamente scritto circa al dominio veneto. pet. in fol. cart.

Ms. du XVIIIe siècle, sur papier.

HISTOIRE.

140 **Pomponio Mela**, Geografia tradotta in italiano. in 4to, non rel.

Ancien ms. sur papier d'une traduction inédite.

141 **Viaggio** nella Bassa Etiopia di Aloise da Cadamosto. in 4to, parch.

Ms. du XVe siècle sur papier. Il commence sans aucun intitulé :

Essendo io Aloise da Cadamosto stato el primo che de la molto nobil citade de Venexia sia demesso a navigar el mare oceano di fori del streto de zibilter verso le parte di mezo dì, etc.

Et il finit par ces mots :

e de questo ultimo loco inanti non ne passa navillio alguno fina al mio partir de Spagna che fo adi p° feurar 1403. *Al qual boscho . . . . . fo messo nome per quelli el boscho de sancta Maria.*

Finis.

142 **Miracoli** della Madonna. — Vita di S. Giovanni Apostolo — di S. Silvestro Papa — di S. Marziale vescovo di Limozia. — Visione di uno nominato Tungdalo de Hibernia. in 4to, cart.

Ms. du XVe siècle, sur papier avec titres et initiales en rouge. Il y manque le premier et dernier feuillet, et deux autres sont avariés. Le dernier traité regarde l'histoire ecclésiastique d'Irlande.

143 **Vita** de la vergene Maria. in 4to, cart.

Ms. sur vélin d'une grande antiquité, avec titres en rouge et initiales ornées en couleur. Le premier feuillet contient au recto une preface, la quelle commence:
Con zo sia ch le uite e li fati de diuersi senti (*sic*).
Au recto du second feuillet on lit:
Qsto se lo prologo del pmo libro de la vita de la vergene Maria.
Cette vie est divisée en quatre livres. Le ms. se compose de 122 feuillets chiffrés, des quels manquent les 7, 27, 28, 107 é 108.

144 **Leggendario** di santi. in fol. rel. en bois.

Ms. sur papier, à deux colonnes, avec initiales et titres en rouge. L'écriture est nette, et le volume parfaitement conservé. A la fin on trouve la date:
Finito el libro chiamato legendario . adi . octo de zugno 1479.

145 **Leggendario** de'Santi. in 4to cart. (**Saibante**, n.° 509).

Ms. sur vélin, d'une grande antiquité. Le premier feuillet est mutilé, et il y manque quelques feuillets à la fin. Le volume a 114 feuillets.

146 **Leggenda** delle vergini e martiri. in fol. rel. en bois.

Ms. du XIVe siècle sur papier, à deux colonnes, avec initiales ornées en couleurs. L'écriture est nette, et le volume d'une belle conservation.
Au recto du premier feuillet, à la seconde colonne on lit en rouge l'intitulation suivante:
Incomencia el libro delle vgene ꝛ martire de x.° el 1400 *a di quatro de luio. E prima de la nobile sposa scta Katerina vgene ꝛ martire.*

147 **Vita** de sancto Bovo confessore. in fol. rel. en bois.

Ms. du XVIe siècle, sur vélin, avec initiales ornées en couleur. A la fin on trouve la note suivante:
Extratto nel ano di nostra salute 1546 *adi* 22 *decembrio, i verona pro mi dionisio f. de hyeronimo da montia.*

148 **Vita** della beata Teuteria vergine tradotta di latino in volgare. in 8vo, bas.

Ms. du XVIe siècle, sur papier, de la collection **Saibante**.

149 **Vita** della Beata Margarita di Savoia, Marchesa del Monferrato composta da M. Gio. Maria Balliano. in 4to, cart.

Ms. du XVIe siècle, sur papier.

150 Historia del Concilio di Trento scritta per mano del sig. Antonio Mille donne Secretario del Consiglio di X. in fol. parch.

Ms. du XVIe siècle, sur papier, d'une écriture nette, et probablement autographe.

151 Discorso sopra il Conclave per la morte di Clemente X. in fol. cart.

Ms. du XVIIe siècle, sur papier.

152 Compendioso ragguaglio, o sia discorso politico sopra il futuro conclave, dopo il pontificato di Clemente X. in fol. cart.

Ms. du XVIIe siècle, sur papier.

153 Relatione del Conclave nella sedia vacante di Papa Paulo IV, nel quale fu creato Papa Pio IV alli 24 Dicembre 1560. in fol. cart.

Ms. du XVIe siècle, sur papier.

154 Relazione della Corte di Roma del procuratore Coraro colà ambasciatore per la republica di Venezia, l' anno 1661. in fol. cart.

Ms. du XVIIe siècle, sur papier.

155 Copia delle commissioni consegnate dall'Ecc. senato (veneto) al N. H. sig. Francesco Balbi eletto Prov. e Castellan del Castel dell'Isola di Cerigo. pet. in 4to, cart.

Ms. sur papier, daté 30 agosto 1683.

156 Commissioni venete per viaggi di Costantinopoli et Romania negli anni 1486 e 1488. in 4to, veau.

Ms. du XVe siècle, sur papier, partie en latin et partie en italien. Incomplet au commencement.

157 Lettere risguardanti la spedizione veneta in Morea dell'anno 1690. in 4to, bas.

Ms. du XVIe siècle, sur papier.

158 Deliberazioni Venete dal 24 settembre 1298 al 13 agosto 1586. in fol, cart.

Ms. du XVIe siècle, sur papier. N.° 225 de Saibante.

159 **Storia** veneziana dal 1438 al 1491. in fol. parch.

Ms. du XVe siècle, sur papier, avec notes marginales. Chronique inédite, d'auteur inconnu.

160 **Cronica** veneziana. in fol. parch.

Ms. du XVIe siècle sur papier. Il contient aussi une notice des familles nobles venitiennes. Cette cronique arrive jusqu'à l'an 1347, mais à la fin sont ajoutés d'une écriture différente autres mémoires relatifs à l'histoire de Venise des années 1682—1685. Mss. inédits

161 **Cronica** veneziana. in fol. parch.

Ms. du XVIe siècle, sur papier. Cette cronique arrive à l'année 1530, et contient une notice des familles nobles venitiennes. N.° 222 de Saibante.

162 **Relatione** dello stato, delle forze e del governo della repubblica di Venetia fatta al re di Spagna. in fol. non rel.

Ms. du XVIe siècle, sur papier.

163 **Compendio** de gli statuti et governi di Fiandra. — Relatione del S. Giovanni Michele ritornato Ambasciatore d'Inghilterra referita nell' Ecc. Senato alli xiiij di Maggio 1557. — Ritratti del Regno d'Inghilterra. — Relatione della Germania del S. Giacomo Soranzo. in fol. parch.

Ms. du XVIe siècle, sur papier, de la collection de Saibante.

164 **Ragguagli** sopra la guerra della Lega contro il Turco. — Relatione di Francia del S. Giovanni Corer. — Discorso come l' Impero dipenda dai Papi. — Lettere del Card. Sforza del tempo della sua legatione di Romagna et Bologna sotto Pio Quinto. in fol. parch.

Ms. du XVIe siècle, sur papier, de la collection Saibante.

165 **Relatione** di Moscovia col modo di tornare le spetiarie al traffico di Italia, contra volontà di Spagnuoli et Portoghesi. — Relatione di Savoia del S. Girolamo Lippomano. — Relatione di Costantinopoli di Marcantonio Barbaro. — Instruzione al Car. Gaetano mandato Legato in Polonia. — Relatione di Spagna e Fiandra di Marin Ca-

valli. — Dichiaratione delle cause che hanno indotta la Regina d'Inghilterra ad ajutare i popoli di Fiandra contra il Re Filippo. in fol. parch.

Ms. du XVIe siècle, sur papier, de la collection Saibante.

166 Relatione di Pietro Mocenigo ritornato dall' Ambasceria d'Inghilterra l'anno 1671. — Relatione della guerra di Mantova, Savoia e Spagnuoli del N. H. Contarini l'anno 1629. — Relatione della Regina Maria di Scotia fatta dall'Amb. Antonio Corraro. — Relatione della Repub. di Genova di Gio. Loredan. — Lettere del Duca di Pernone al Re di Francia Luigi XIII, con le risposte. in fol. parch.

Ms. du XVIIe siècle, sur papier. Il contient plusieurs autres pièces mss. très-interessantes.

167 Relatione del Clar.mo Badouero tornato da Carlo V Imperatore dell'anno 1558. — Sommaria relatione di Mons. Visconti a Pio IV, quando tornò dal re cattolico l'anno 1563. — Relatione degli stati del re Filippo. in fol. parch.

Ms. du XVIe siècle, sur papier.

168 Historie fiorentine dall'anno 1498 al 1512. in fol. dem. rel.

Ms. du XVIe siècle, sur papier, taché et avarié. Cette histoire anonyme est inédite.

169 Relatione della corte di Roma dell' Ambasciator Mocenigo al Pontefice Clemente X l'anno 1675. in fol. cart.

Ms. du XVIIe siècle, sur papier.

170 Relatione della corte di Spagna l'anno 1667 di Monsig. l'Arcivescovo d'Ambruno Ambasciatore straordinario della Maestà del Re di Francia. in fol. cart.

Ms. du XVIIe siècle, sur papier.

171 Relazione di Spagna dell' Ecc. sig. Cav. Pietro Basadona. 1647. in fol. cart.

Ms. du XVIIe siècle, sur papier.

472 Trattato coll'Inghilterra e l'Olanda sopra gli articoli della pace tra Francia e Spagna l'anno 1668. in 4to, cart.

Ms. du XVIIe siècle, sur papier.

473 Informazioni relative alle valli tra il Bacchiglione ed il Po dall'anno 1559 al 1577. in fol. non rel.

Mss. sur papier, en plusieurs cahiers.

474 De Ligoro Calunnia convinta. in fol. cart.

Ms. du XVIIe siècle, sur papier. L'intitulé ci-dessus se trouve écrit au dos de la reliure. Ce ms. daté de *Brescia li 3 agosto* 1700 contient un Apologie en faveur du Prince Ferdinand de Castiglione contre les Comunités de Castiglion dalle Stiviere, Medole e Solferino.

475 Discorso sopra le medaglie degli antichi. in fol. bas.

Ms. du XVIIe siècle, sur papier, avec medailles dessinées à la plume. Il est sans nom d'auteur, mais d'après une note du *M. Gianfilippi* cet ouvrage doit être de Pirro Ligorio. Il est inédit.

476 Dell'arte araldica, o scienza del blasone, opera di Monsieur D. Guilliaume Champdemoline. in 4to, parch.

Ms. du XVIIIe siècle, sur papier.

477 Sentenze e detti notabili estratti da Tito Livio. — Sentenze sparse per l'historia del Guicciardino etc. in 8vo, parch.

Ms. du XVIIe siècle, sur papier. Il contient aussi d'autres traités rélatifs à la jurisprudence et à la politique en latin. N.° 913 de Saibante.

478 Trattato delle famiglie principali di Roma fatto da Pietro de'Sebastiani romano. in 4to, veau.

Ms. de l'année 1683, sur papier, d'une écriture nette, et inédit.

479 Sommario delle nobili famiglie d'Italia, di Antonio Torresani. in 4to, cart.

Ms. autographe, sur papier, provenant de Saibante, n.° 271. Inédit.

480 Vita di Maria d'Austria reina d'Ungheria et di Boemia, generale governatrice di tutte le provincie di Fiandra

per Carlo Quinto, composto da Alessandro Nogarola. in 4to, parch.

Ms. autographe, sur papier. C'est le même mentionné par MAFFEI, et il porte le n.° 316 de la collection SAIBANTE.. Cet ouvrage curieux, dans le quel l'auteur en plusieurs dialogues parle du genie des diverses nations d'Europe, reste encore inédit.

481 CITTADINI veronesi illustri per dignità ecclesiastiche, di Antonio Torresani. in fol. cart.

Ms. autographe et inédit, sur papier. N.° 643 de SAIBANTE.

BIBLIOTHÈQUE ... R.F.

MANUSCRITS
FRANÇAIS ET ESPAGNOLS

R.F.

1 Roman de Guiron le courtois. pet. in fol. non rel.

Ms. du XIIIe siècle, sur vélin, à deux colonnes, avec miniatures et lettres capitales ornées d'arabesques en couleur. Quoique les premiers feuillets soient avariés et qu'il soit incomplet à la fin, il doit être encore considéré d'un grand prix. Ce qui le rend singulier c'est que quelques chapitres du roman de Guiron sont écrits en pur langage italien. Le Polygraphe de Vérone a publié dans les cahiers d'Avril, Mai, et Décembre 1834 la plus grande partie du fragment italien, d'après ce même ms., le quel de la collection Saibante est passé dans celle de Gianfilippi. Il se compose de 511 feuillets.

Il s'y trouve ajouté un feuillet ms. conténant une chanson provencale de Alberetz de Gapenses, et un autre contenant un fragment d'un ancien roman de chevalerie.

2 Roman d'Eneas. pet. in fol. rel. en bois.

Ms. du XIVe siècle, sur vélin, à deux colonnes. Il commence sans aucun intitulé:

Qvant menelax oit troie assise.
Onc nen torna tresquel lot prise.
Gasta latre et tot leregne.
Por la ueniance desa fenne.

M.r Paulin Paris (Manuscrits français de la Bibliothèque du Roi, tome 1, p. 71) pense que l'auteur de ce Roman en vers inédit est Beneois de Sainte-Maure. Ce ms. incomplet de quelques feuillets à la fin, en contient 73 numerotés. La première page a une grande capitale ornée d'arabesques en or et couleur. Les autres initiales sont en rouge et bleu. Il porte sur la couverture le n.° 41 de Saibante.

3 Romances funèbres. — Tabula de Polyphemo y Galathea de D. Luis de Gongora. — Soledades del mismo. — Panegyrico al Duque de Lerma. pet. in 4to, cart.

Ms. du XVIIe siècle, sur papier, de la collection Saibante

4 Nouveaux Eléments d'arithmétique avec les principes de l'algèbre. in fol. veau.

Ms. du XVIIIe siècle, sur papier, sans nom d'auteur.

FIN.

TABLE DES DIVISIONS

MANUSCRITS HÉBREUX, GRECS ET LATINS.

THÉOLOGIE.

JURISPRUDENCE.

SCIENCES ET ARTS.

BELLES LETTRES.

HISTOIRE.

MANUSCRITS ITALIENS.

BIBLIOTHÈQUE NATIONALE R.F. IMPRIMÉS

www.ingramcontent.com/pod-product-compliance
Ingram Content Group UK Ltd.
Pitfield, Milton Keynes, MK11 3LW, UK
UKHW020253220726
13923UKWH00002B/913

9 782019 480745